大樂文化

U0079752

主力K線

200張圖教你看懂籌碼分布，找到下一個**3**倍飆股

技術分析

籌碼實戰的趨勢攻略 ✕ 籌碼分布與主力動向
✕ 量先價行技巧解讀

【熱銷再版】楊金◎著

Contents

第1章　用籌碼分布的概念，打穩投資基本功　*013*

第 4 章　利用主力 K 線，看準趨勢做波段賺價差　099

第 5 章

掌握主力模式，
找到飆股順勢獲利　*137*

第6章 透過量能形態，洞悉量價關係的奧祕 *165*

第 7 章　**活用 5 種技術分析，讓股市成為你的提款機**　*193*

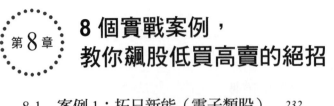

第8章 8個實戰案例，教你飆股低買高賣的絕招 *231*

前言
100 億資金經理人教你，
用 200 張圖看懂關鍵籌碼分布

　　股市中既存在機會，也蘊藏風險。從中長線角度來看，過分追逐績優股、大型股，如同跟隨大盤指數，並非明智之舉，因為上證A股指數從2007年的6124點到2020年的3458點，沒有步入穩定上漲格局。在這個期間，股市的大起大落、眾多個股的翻倍飆漲，都讓投資者體會到股市仍舊魅力十足，但我們的交易方式需要改變。

　　傳統的K線理論、量價理論，在用於分析大起大落、題材轉換頻繁的A股市場時，往往顯得勢單力薄，因此我們需要更好的技術分析手段。

　　博奕是股市最重要的特性，也是投資者參與股市前最需要了解的內容。股市中的多空博奕，每一刻都持續進行。在多方力量占據優勢後，個股即使業績平平、淨資產較低，股價也能翻倍上漲，還可能成為黑馬股，而業績優良、淨資產較高的績優股，由於多方力量薄弱，市場認可度不高，因此接連好幾年沒有好的表現。

　　只關注基本面、不重視盤面的投資者，忽視股市交易的核心——博奕，即使懷有美好的願望，也難以獲利甚至不斷慘賠。

　　股票市場的走勢存在二八法則，就是少部分股票表現強勢，大部分股票跟隨大盤。對投資者來說，這個原則同樣存在，就是少部分人獲利，大部分人虧損。投資者包括主力和散戶，其中主力在資訊、專業等方面的能力較強，而**許多散戶未能理解股市的博奕特性，不懂得運用合適的工具，自然虧多賺少。**

　　那麼，什麼是博奕？簡單來說，就是買賣雙方在心態、判斷、操作上的交鋒。一檔股票在多方博奕勝出後會上漲，反之則下跌。有些投資者對盤面的理解僅停留在日K線形態和量能上，因此常常成為輸家。但是，若投資者掌握有力的工具，情況將發生改變。這些技術性分析工具，就是近年來逐漸

被市場接受及關注的籌碼交易技術。

在股市中，多空雙方互相較勁。若某種工具的熟知度越高、使用頻率越高，它的可靠度就越低，代表使用頻率與可靠度成反比。當這種工具被超過50%的投資者使用，可靠度最多只有50%。

籌碼交易技術則不同，雖然近年來較受到重視，但只被極少部分投資者掌握及使用，不高的使用頻率使它的效果更為突出。而且，籌碼交易技術是一種相對完善的工具，既有理論支撐又有實踐經驗。在實際交易中，投資者若能將籌碼交易技術與量價、主力分析等內容相互結合，將得到更準確的主力參與資訊，進而提高獲利的機率。

籌碼分布可以反映市場成本變化的趨勢、主力參與和多空交鋒的情況等，幫助投資者理解股價走勢，預測個股的發展方向。在捕獲黑馬股的實戰中，籌碼分布也是一種利器，當大多數投資者還不是很了解這種技術工具時，能提前掌握並運用它的人無疑占有先機。

籌碼分布分析屬於技術分析，是一個相對冷門卻十分有效的技巧。如同前面所述，在股市中有一個定律，即「一種分析方法被越多人使用，效用就越弱」，因為股市是個博弈的場所，往往只有少數人能勝出。

因此，若某種分析方法被大多數投資者熟知並使用，未必是最有效的方法。從這個觀點來看，籌碼分布分析便是值得投資者學習及使用的方法，只要加以掌握，就能找到下一個3倍飆股！

第 **1** 章

用籌碼分布的概念，
打穩投資基本功

1.1 基本面分析，瞄準企業價值與前景

預測股票價格走勢的方法有兩種，一種是基本面分析法，另一種是技術面分析法，兩者都包含很多細目。簡單來說，**基本面分析法是以企業價值和發展前景為核心**，涉及企業的經營情況、行業的前景、國家的政策導向、宏觀經濟情況等方面；**技術面分析法是以市場行為當作核心**，側重於研究多空力量對比格局、市場情緒、投資者買賣意願等方面。

這兩種方法相輔相成，雖然本書以技術面分析為主導，但讀者對於基本面分析也應該要有所了解。

1.1.1 做基本面分析，必須關注 4 個重點

基本面分析法是指分析宏觀經濟、行業前景、企業價值等決定股票內在價值的基本因素，以判斷股票價值、衡量股價高低的方法。一般來說，進行基本面分析時，要關注經濟週期、經濟指標、行業前景、企業價值等。

1. 經濟週期

經濟週期是指在經濟發展過程中，經濟活動擴張和收縮交替出現的過程。一個完整的經濟週期可分為擴張和收縮這2個階段；也可細分為復甦、繁榮、衰退、蕭條這4個階段。經濟週期如同潮起潮落，是一種自然規律。經濟週期的表現形態大多是：經濟過熱之後會快速轉冷；經濟長期低迷之後會迎來回升。但是，各階段的持續時間和強度不容易判斷，人們通常只能事後總結、歸納其特點，因此對經濟週期的研究長期停留在理論層面。

2. 經濟指標

這項指標以數字的形式反映社會經濟情況的數值。簡單來說，**經濟指標反映宏觀經濟的運行情況，是投資者用來掌握經濟運行情況的重要因素。**

不同的經濟情況可以透過不同的經濟指標來反映，以下4個指標較為常用：國內生產總額（簡稱GDP）、消費者物價指數（簡稱CPI）、銀行利率、存款準備率（Required Reserve Ratio）。

GDP反映出市場價值總量，GDP增速高於7%，是經濟發展加速的標誌；GDP增速低於4%，是經濟發展放緩的標誌。一般來說，GDP不會出現負值，因為不斷擴大的經濟總量是一種客觀規律，除非出現戰爭、災害等破壞性因素。此外，GDP成長也是出現牛市的前提條件。舉例來說，2003至2007年，中國GDP年均增速持續高於10%，這是經濟高速成長的標誌，在此背景下，2006至2007年出現大牛市行情。

CPI是物價變動指標，可以反映通貨膨脹的情況。CPI>3%時，表示已發生通貨膨脹；CPI>5%時，表示通貨膨脹嚴重。經濟學家認為，CPI為1%～3%時，有利於經濟發展。CPI過小，說明市場的購買力較低，是通貨緊縮的表現，不利於企業與經濟發展，而CPI過大，則會造成經濟發展不穩定。

銀行利率也被稱為利息率，是指一定時期內利息量與本金的比率，通常用百分比來表示。**存款準備金**是指，各金融機構為了保證客戶提取存款和資金清算的需要，而準備存放於中央銀行的存款。中央銀行要求存款準備金占其存款總額的比例，就是存款準備率。股市是資金驅動型市場，當利率升高、存款準備率上調時，會有更多的錢流入銀行、流出股市；當利率下降、存款準備率下調時，股市的資金面會更寬。因此，依據利率和存款準備率的變化趨勢，可以大致明確股市的中長期發展方向。

3. 行業前景

在相同經濟環境下，經濟發展階段、政策導向的不同，會造成不同行業有不同的前景。有些行業剛剛興起，有些行業正飛速發展，有些行業卻因為產能過剩而處於落後或淘汰階段。舉例來說，前幾年側重於基礎工業（例如：鋼鐵、煤炭、有色金屬等）的發展，而現在基於環保及生產能力的提高，更側重於高新技術、新能源、生物醫藥等技術含量較高的產業發展。

在某些特定時期，國家會重點扶持某些行業，這些行業中的上市公司無

論是稅收政策方面,還是國家貸款政策方面,都會受益良多,而且這些行業的市場前景也非常廣闊。

4. 企業價值

企業價值由多種因素決定,既包括企業所處的行業、規模及競爭力,也包括管理層人員結構、企業發展方向、目標願景等。投資者在關注企業的基本面情況時,可以從3個方面著手。一是看企業在同業內的競爭力及規模。一般來說,規模適當、有核心競爭力的企業,其價值更為突出;二是看企業的發展方向,好的發展方向是保證企業快速成長的重要前提;三是看企業是否擁有獨特的資源,這種資源既可以是技術,也可以是獨特的天然資源。

🌱 1.1.2 用收益、估值等方面的資訊,了解個股基本面

投資者還需要考慮個股的基本面。從控制風險的角度來說,參與基本面較好的價值型或成長型股票,遠遠好於參與只有題材、概念好,業績卻一塌糊塗的股票。通常可以從以下3個方面了解個股的基本面情況:

1. 資產、收益情況

在股票行情軟體中,可以查看個股的基本資料,看到每股淨資產、每股收益等財務指標,它們是用來衡量個股資產、收益情況的具體數值。

淨資產也稱作股東權益。淨資產=資產-負債;每股淨資產=淨資產÷總股數。若淨資產過低,這種股票的實際價值通常很低,在大盤向下調整的波段較大時,其跌幅通常更大。在收益情況中,要注意上一年度的收益,若企業連續兩年虧損,無疑是明確的利空。因此,如果企業上一年度虧損,而本年度盈虧情況又難以預測,那麼在參與這樣的個股時,應格外注意。

2. 估值

儘管企業再好,投資者也應該合理估值。如果股價中短線漲幅過大,預估企業未來幾年內的成長空間,會認為對企業的估值過高,表示股價有「泡沫」。若要了解估值市況,可以藉由本益比、股價淨值比來分析。

本益比是某種股票每股市價與每股盈利之間的比率。本益比是最常用來

評估股價水準是否合理的指標之一，且通常用來比較不同價格的股票是否被高估或低估。進行比較時，既要橫向比較（與同業的其他企業比較），也要縱向比較（查看個股不同時期的估值狀態），才能得到相對可靠的估值，當然也要結合企業的成長情況來分析。

股價淨值比是指每股股價與每股淨資產之間的比率，比值越低意味著風險越低。好的企業應該是淨資產穩定成長，且股價淨值比保持在合理範圍之內。股價淨值比的高與低，同樣要藉由橫向和縱向兩種方式來比較。

3. 每股經營現金流

每股經營現金流是最具實質性的財務指標之一，是指「用企業經營活動的現金流入減去現金流出，得到的數值除以總股本後的最終數值」，即經營活動產生的每股現金流量淨額。

企業現金流強勁，表示其主要營業收入回款力較大、產品競爭力強、企業信用度高，經營發展前景較好。每股經營現金流為負的企業，會比較令人擔心，不過也要視行業或企業的種類來看，例如：房地產業的每股經營現金流是負數，原因往往是企業需要用賣房收回來的現金繼續買地，而且僅靠經營發展得來的現金還不夠，必須抓住機會融資，占據一定的市占率，於是出現每股經營現金流為負的情況。

🌱 1.1.3 透過 2 個案例，學習基本面分析法

基本面分析法遵循著「價格圍繞價值上下波動」的經濟學基本原理，即藉由分析上市公司的內在或潛在價值，預測股價的中長期走向。在股市中，廣為人知的價值投資和買成長股等方法，都屬於基本面分析法，只是兩者的著重點不同。價值投資著重於股價與公司價值的關係，當股價明顯低於公司的價值時，是買進時機，反之則是賣出時機。買成長股著眼於公司的發展動力，不僅要關注公司的當前情況，還要準確預測未來發展情況。

圖1-1是深圳機場2011年6月至2020年2月的走勢圖。如圖中標注所示，股價在低位徘徊且低於淨資產。身為獲利穩定的防守型股票，這顯然是股市低迷造成股價被低估的情況。根據價值投資的理念：「在低估時買進」，可知當時是買進布局的時機，但布局時間可能較長，因為在個股成長性不高的

圖1-1　　深圳機場2011年6月至2020年2月的走勢圖

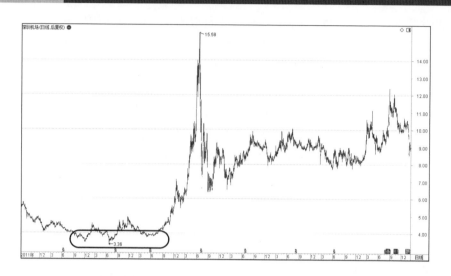

圖1-2　　貴州茅台2001年8月至2020年2月的走勢圖

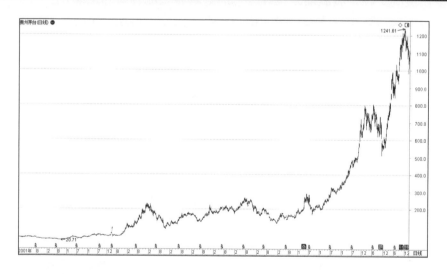

情況下，只有等股市回暖後，市場才會給它一個更合理的估值。

　　圖1-2是貴州茅台2001年8月至2020年2月的走勢圖。在十多年的股市運行中，雖然大盤起起落落，指數也沒有穩步上漲，但該股成長性極高，股價上漲幾十倍，因此是基本面分析法中的成長股。值得注意的是，此類高成長股票很罕見，投資者若想準確買進，需要敏銳地掌握企業發展情況。

1.2 技術面分析，側重市場行為與特徵

　　基本面分析法關注企業的「當前價值」與「潛在價值」，其中潛在價值最重要。由於影響企業發展的不確定因素太多，而且長期持股的方式可能使投資者錯失更好的機會，因此**就實用性來說，廣大投資者更適合把基本面分析法作為輔助工具，主導工具則應選擇技術面分析法**。

　　技術面分析法從市場交易行為著手，藉由價格走勢、成交量變化、技術指標、趨勢運行方式、主力參與過程等方面，來分析或預測價格的後期走勢。由於技術面分析法側重於市場行為，因此用它預測價格的中短線走勢更準確，這種方法也更適合投資者使用。

1.2.1 做技術面分析，必須依據 3 個原則

　　同基本面分析法依據的「價格圍繞價值上下波動」原理一樣，技術面分析法也有堅實的基礎。所謂基礎就是以下3個原則，只要理解這3個原則，就能使技術分析這棟大樓穩穩挺立。

1. 市場行為涵蓋一切

　　它是指所有影響價格走勢的因素，都會透過實際的交易數據（包括價格、成交量等）反映出來，因此投資者只須研究這些已出現的數據即可。

　　其實在股市中，情況也恰恰如此。重大事件、金融政策、自然災害、投資者對未來的預期等因素，都會在被市場認知後，進一步藉由價格運行展現出來。而且，由於影響價格運行的因素太多，我們無法一一顧及，因此將目光轉向市場行為無疑是較好的方法，因為市場會給這些因素最正確的解讀。

2. 價格依趨勢運行

趨勢是股票市場運行的客觀規律，更是人們對客觀事物的抽象總結。如果不了解趨勢，我們對技術分析的理解就只能停留在表面。

趨勢是指價格中長期的整體運行方向，根據運行的方向，一般可以將趨勢分為上升趨勢、橫盤震盪趨勢、下跌趨勢。這個真理告訴投資者，要以更大的視角審視股市，價格不是隨機波動，而是有它的趨勢。回顧股市的歷史運行情況，我們會發現事實的確如此。

3. 歷史往往會重演

這是指相似的盤面形態，往往會演繹出相似的後期價格走勢，這是有充分依據的真理。研究價格走勢、成交量等盤面形態，可以很好地反映投資者的心理傾向、做多或做空的預期。因此，盤面形態雖然只是一種表象，但它反映的資訊決定著後期的價格走勢。

🌱 1.2.2 技術面分析法有 K 線、量價、籌碼等類型

技術面分析法的類別較多，雖然側重點有所不同，但都是依據市場行為，分析「果」（市場行為）和「因」（多空雙方的情況），進而預測未來走勢。

以下簡單介紹5種常見的技術面分析法，幫助投資者深入理解：

1. 形態分析法

形態分析法也稱作K線分析法。K線蘊含豐富的市場訊息，**可以直觀、形象地反映出多空力量的轉變情況**。無論是單根K線形態還是多根K線的組合形態，只要投資者善於研判，便能從中掌握多空力量對比格局的轉變。

2. 量價分析法

成交量是一種重要的盤面資料，在價格走勢的基礎上，可以很好地反映股市及個股的動力情況。

道氏理論認為，成交量可以有效驗證趨勢運行情況。實際上也確實如此，在趨勢運行的典型位置處（底部區、上升途中、頭部區等），投資者常

常可以看到固定的量價關係，例如：上升途中出現量價齊升、頭部區出現縮量滯漲、底部區出現放量站穩等，都是用來確認趨勢運行情況的可靠訊號。

量價分析法是在結合K線形態的基礎上，關注成交量的變化情況，進一步了解市場真實的交易情況，因此從效果來看，它的預測更準確。

3. 主力分析法

主力是一個籠統的稱呼，它包括多種類型。一般來說，可以依據資金性質及參與時間這兩個因素加以分類。

根據資金性質，主力可分為基金、券商、投資機構、合格境外機構投資者（簡稱QFII）、大股東、民間資本等。依據參與時間的長短，主力可分為中長線主力和短線主力。

主力分析法是結合股市和個股的運行特徵，發現主力的存在，分析其類型並研究其行為，進而選擇好時機進行買賣，例如：主力建立部位後，是投資者買股布局的時機；主力參與拉升時，是短線投資者快速出擊的時機；主力無意拉升、陸續賣出籌碼時，投資者應選擇離場。

相對來說，**主力分析法的綜合性較強，我們既要懂得形態、量價等基本的技術面分析法，也要結合消息面、基本面、題材進行分析，唯有這樣才能準確分析主力的類型，並掌握主力當前的行為。**

4. 指標分析法

股價在波動過程中會產生許多有用的交易資訊，例如：每天都有開盤價、收盤價、最高價、最低價這4個價位的資訊，以及成交量的大小。

指標分析法是依據某個原理建立一個數學模型，這個模型以基本交易數據為輸入值，其輸出值是展現市場情況的數值。

投資者使用指標分析法時，是從定量的角度出發，分析市場某些方面的特徵，把得到的每個指標數值連成線，藉此得到指標線。指標線的用處在於指示當前價格的運行方向，以及預報價格是否達到重要的價格區域。

一般來說，指標可分為趨勢類、能量類、擺動類、大盤、主力這5類指標。每一類指標都反映出股市或個股某方面的特點，因此想在股市中準確掌握個股走勢，不能局限於某個或某類指標。

5. 籌碼分析法

籌碼分析法是研究籌碼和現金互換的理論，在股市中，我們常用籌碼代表可用於交易的股票。籌碼和現金可以互換，投入股市的資本都是現金。

透過交易實現籌碼換手，投資者的持股成本也在不斷變化，投資者的持股成本狀態與變化方式，對股價的走勢有著極為重要的影響。籌碼理論的核心問題是籌碼的成本，**籌碼分析法是指藉由分析個股的持股成本分布狀態、流通籌碼的轉移情況等，預測價格的後期走勢。**

在實際操作中，我們可以從籌碼的靜態分布情況、動態轉移情況、籌碼匯聚情況等多個角度著手，並結合量價、主力等因素做綜合分析，試圖全面掌握市場運行情況，進而提高預測的準確性。

1.2.3 透過具體案例，學習技術面分析法

技術面分析法從表面上來看，關注的是各種盤面形態、數值等，但其重點是研究市場行為。不同的盤面形態反映不同的市場訊息，盤面形態是抽象的結果，投資者只須熟識相對應的盤面形態，便能相對準確地掌握市場的運行情況。

在實際操作中，投資者經常遇到同樣的盤面形態，卻演繹出完全不同的後期走勢情況。因此，技術面分析法絕不是靜態、片面的分析方法，它需要結合當時的市況、個股表現等進行分析。下面結合案例，解說如何利用量價展開技術分析操作。

圖1-3是深中華A 2019年7月至2020年2月的走勢圖。在該股持續穩健走升的途中，該股走勢發生一定的變化（請見圖中標注的區域），這幾個交易日的成交量明顯放大，且每個交易日的盤中振幅較大，大陽線與大陰線交錯出現，使股價上漲受阻。

從技術層面來分析，這是典型的放量滯漲。當它出現在上升波段中，是多空分歧加劇、空方賣壓劇增的訊號，大多預示個股短期內將大幅調整；若恰好遇到同期大盤調整，個股跌幅通常會更大。了解這種量價形態的含義之後，在實戰中正確地操作就是「賣股離場、規避風險」。

圖1-3　深中華A於2019年7月至2020年2月的走勢圖

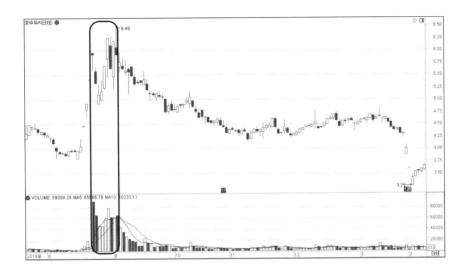

1.3
一次學會「籌碼分布」 的基礎知識

籌碼分布其實不難理解，但想成功運用於實戰中，僅憑藉形態來識別是不夠的，投資者還需要了解每種籌碼形態的形成原因、市場含義等，而這些深層次的內容，需要我們深入理解籌碼分布的概念。

1.3.1「籌碼」到底是什麼？

籌碼是一種形象化的說法，指金錢的替代物。在某個特定的環境中，我們可以把錢換成籌碼，也可以再將籌碼換回錢。由於股市中的股票和籌碼有著相似的作用，即需要它的時候，可以從別人那裡買來，不需要它的時候，只能將其轉手賣給別人，因此可以將股票稱為籌碼。可以說，籌碼是持有人證明自己擁有某種權利的憑證，股市中的籌碼是指用於投資的股票。

由於個股的股本有限，大股本能達到幾十億、上百億股，而小股本往往只有幾億股。

1.3.2 用簡單模型，了解什麼是「籌碼分布」

籌碼分布也稱作流通股票持股成本分布，是指**在某個時間點上，某檔股票的流通量在不同價位上的股票數量分布情況**。籌碼在反映股票的持股成本分布時，會顯示不同的形態特徵，這些形態特徵直觀地反映股票的成本結構，不同的形態特徵具有不同的形成機制和實戰含義。

籌碼分布是一個靜態的概念，藉由籌碼分布圖，我們可以相對準確地了解個股在某時刻、某價位上分布著多少流通籌碼，也可以看出全部的流通籌

碼是密集分布在某個狹小的價格區間內，還是廣泛分布在價格區間內。

　　以下用一個簡單的模型，具體解說籌碼分布。假設模型中有一家公司，它有1000股流通籌碼，經過交易之後，這些籌碼被4位投資者持有，持有方式如下（註：本書均使用中國當地貨幣）：

　　投資者A以6元買進100股，6.5元買進200股，共持有300股。

　　投資者B以7元買進150股，7.5元買進200股，共持有350股。

　　投資者C以7.5元買進120股，8元買進180股，共持有300股。

　　投資者D以8.5元買進50股，共持有50股。

　　接著用「＊」表示籌碼數量，每個「＊」代表10股，用圖形表示這個籌碼分布模型的效果如下：

　　8.5元＊＊＊＊＊共50股

　　8.0元＊＊＊＊＊ ＊＊＊＊＊ ＊＊＊＊＊ ＊＊＊共180股

　　7.5元＊＊＊＊＊ ＊＊＊＊＊ ＊＊＊＊＊ ＊＊＊＊＊ ＊＊＊＊＊.＊＊＊＊＊ ＊＊共320股

　　7.0元＊＊＊＊＊ ＊＊＊＊＊ ＊＊＊＊＊共150股

　　6.5元＊＊＊＊＊ ＊＊＊＊＊ ＊＊＊＊＊ ＊＊＊＊＊共200股

　　6.0元＊＊＊＊＊ ＊＊＊＊＊共100股

　　每個價位的股數不同（即籌碼數量不同），構成一個簡單的籌碼分布模型。

🌱 1.3.3 看籌碼分布圖，要注意獲利盤與套牢盤的比例

　　圖1-4是深華髮A於2020年2月17日的籌碼分布圖。籌碼分布圖位於日K線圖的右側，與日K線圖共用一個坐標系，因為它們都以價格為縱坐標。

　　當大量的籌碼堆積在一起時，籌碼分布圖看上去像一個向右旋轉後的群山圖。這些山峰實際上是由一條條由左向右的橫線堆積而成，每個價格區間都有一條代表持股量的橫線。持股量越大橫線越長，這些長短不一的橫線堆在一起，便形成高低不齊的山峰，也就構成了籌碼分布狀態。

　　查看籌碼分布圖時，投資者需要關注以下2點：

　　1. 左側的日K線圖：將日K線圖的區間放大，可以看清價格走勢。由於

圖1-4　深華髮A於2020年2月17日的籌碼分布圖

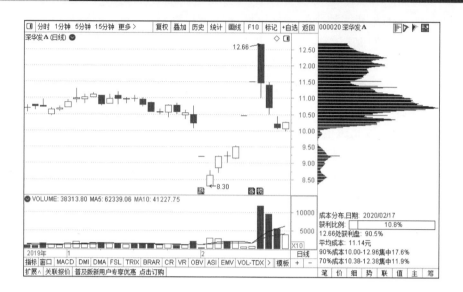

放大或縮小會改變縱坐標的價格範圍，因此右側的籌碼分布圖也會發生相應的變化，不過籌碼分布圖的實際分布情況不會改變。

　　2. 獲利盤與套牢盤的比例：籌碼分布圖會用兩種不同的顏色分別代表獲利盤與套牢盤。位於當日收盤價上方的籌碼是虧損，位於下方的是獲利，兩者的比例大致反映出多空力量的整體對比情況。

1.3.4 分布圖有 2 種形態：滿版與半版

　　當左側的日K線圖的時間範圍較小時，由於股價波動範圍較小，右側的籌碼分布圖往往會處於滿版狀態。當左側的日K線圖的時間範圍較大時，由於股價波動範圍較大，右側的籌碼分布圖往往會處於非滿版（半版）狀態。不過這只是一種形象的說法，其實它們的形態完全一樣，只是價格區間不同，因此呈現的形態不同。

　　圖1-5是深天馬A於2020年1月8日的籌碼分布圖。圖中左側的時間約為3個月，所有籌碼都分布在17.93元下方，而且日K線圖的價格也位於17.93元下方，使籌碼分布圖呈現滿版狀態。

　　圖1-6同樣是深天馬A於2020年1月8日的籌碼分布圖。圖中左側的時間約為10個月，由於期間的股價超過20元，籌碼分布圖的縱坐標區間更大、更

圖1-5 　深天馬A於2020年1月8日的籌碼分布圖（3個月）

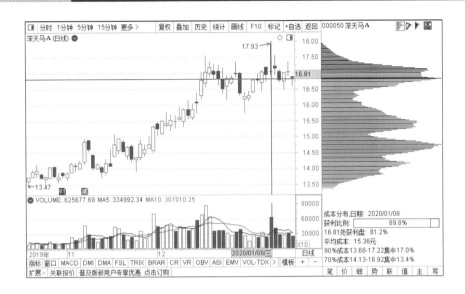

圖1-6 　深天馬A於2020年1月8日的籌碼分布圖（10個月）

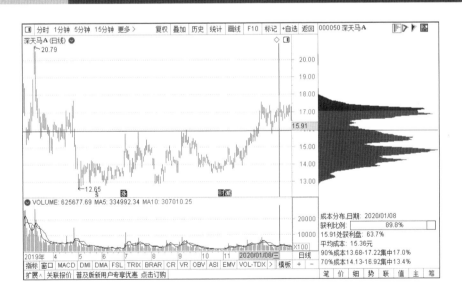

寬，但17.93～20.79元這個區間內沒有流通籌碼分布，因此籌碼分布圖呈現
非滿版（半版）狀態。

1.4
想了解個股走勢，
要會看籌碼分布的變化

我們對於任何事物，都不應單一面向、靜止地觀察，而應該將其放在一段時間內的同類事物中進行對比，因為唯有這樣才能好好理解與運用該事物。籌碼分布圖也是如此，單張籌碼分布圖只能呈現某時刻的情況，想理解市場的發展方向，一定要學會觀察籌碼分布圖的變化情況。本節將教你如何觀察籌碼的流動與形態變化。

籌碼分布圖只呈現某個時間點（以交易日為單位）的靜態籌碼分布情況，但隨著時間的推移、交易的繼續、買賣雙方在不同價位的交易，籌碼會在投資者之間流動，投資者的持股成本也會不斷變化。

在日K線圖中，隨著游標的移動，系統在日K線圖的右側，會顯示籌碼如何隨著股價的變化而變動，這就是籌碼的流動。一般來說，個股在短期之內的交易越激烈、換手越充分，籌碼形態的變化就會越大。

1.4.1 當股價波動幅度緩和，籌碼流動緩慢

緩和狀態是指市場交易較為緩和。從成交量來看，量能相對萎縮，市場整體較低迷。在這種背景下，股價的上下波動幅度通常較小，籌碼的流動（從高位向低位流動，或從低位向高位流動）速度也相對較慢。一般來說，若無外界因素干擾（例如消息面），這種緩和狀態最具持續性。

圖1-7是北方國際2019年11月18日的籌碼分布圖。從高位區跌落後，在低位區由於題材不突出、不符合市場焦點，且當時的市場較低迷，因此該股的交易較緩和，籌碼的流動速度很緩慢。對比圖1-8可見，經過一個月的交易後，高位區被套牢的籌碼只有一部分流向低位區，套牢盤仍然有很大一部

圖1-7 北方國際2019年11月18日的籌碼分布圖

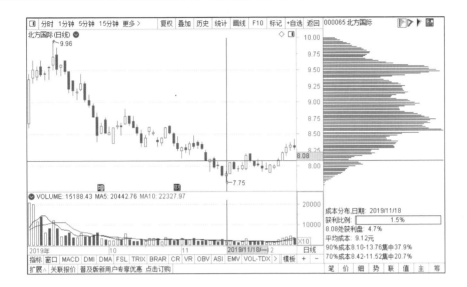

圖1-8 北方國際2019年12月18日的籌碼分布圖

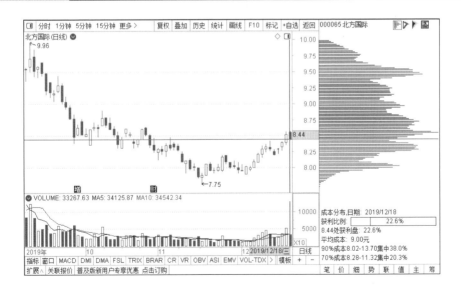

分處於持股觀望的狀態。

　　籌碼的流動速度與股價的波動幅度成正比，波動的幅度越大，越能引發多空分歧，導致籌碼換手速度加快。在正常的市況下，若個股沒有熱門題材、流通量較多，且市場整體低迷，這樣的個股很難有短線實戰價值。

1.4.2 當股價走勢極端，籌碼分布一日一變化

　　極端狀態主要指個股的價格走勢極端，例如：連續飆升、短期內連續出現大陰線等。

　　快速波動的股價勢必導致多空分歧加劇，造成籌碼快速流動，而籌碼分布形態往往也會「一日一變化」。此時，投資者應密切留意籌碼分布形態的改變，因為它通常是我們做出買賣決策的關鍵依據。

　　圖1-9是中國長城2019年10月25日的籌碼分布圖。該股經過上漲之後，形成一種極端狀態。在此背景下，籌碼的流動速度極快。當日收盤後，所有籌碼都位於15.24元下方，幾乎全盤處於獲利狀態。

　　圖1-10是中國長城2019年10月29日的籌碼分布圖。當日收盤之後，對比圖1-9可見，僅相隔一個交易日，已有大量籌碼由低位區流動到15.24元上方，使籌碼短期內處於被套狀態。

　　隨後，個股股價再度上漲並挑戰新高，圖1-11是該股2019年12月19日的籌碼分布圖。由於K線圖中出現大陰線，使籌碼分布圖呈現三峰形態，且上峰的籌碼均被套。對比圖1-9、圖1-10、圖1-11這3張籌碼分布圖，可以很清晰地看到，**在極端狀態下，由於換手頻繁，籌碼分布形態也在快速改變**。實戰中，投資者要跟緊籌碼分布圖的快速轉變，及時調整買賣策略。

1.4.3 當股價大漲大跌，籌碼反覆流動

　　股價的上漲與下跌總是不停地交替出現。在一輪下跌之後，當個股由低點再度漲至之前的高點時，籌碼分布形態或許與之前高點時的形態相似，籌碼卻早已經歷由高位流向低位、再由低位流向高位的過程。投資者唯有了解籌碼反覆流動的特性，才能好好結合股價運行情況，分析當前籌碼分布形態的市場含義。

圖1-9	中國長城2019年10月25日的籌碼分布圖

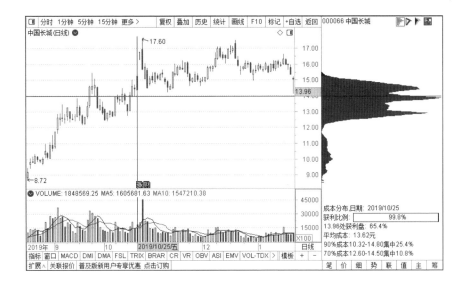

圖1-10	中國長城2019年10月29日的籌碼分布圖

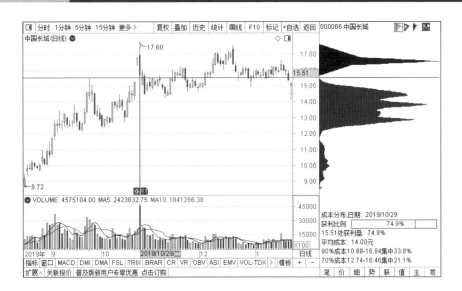

圖1-11 中國長城2019年12月19日的籌碼分布圖

　　圖1-12是海德股份2019年9月11日的籌碼分布圖。個股當日處於反彈後的高點，且在高位持續震盪數日，換手速度較快，形成大量籌碼密集分布在高位區的形態。隨後受到中短線獲利賣出的影響，出現大幅、快速的下跌。

　　圖1-13是海德股份2019年10月28日的籌碼分布圖。此時個股已由連續下跌後的低點再度漲至高點，且此時股價接近前期（2019年9月11日）的高點。對比圖1-12可以看到，兩張籌碼分布圖十分相似，籌碼似乎流動得很慢，但這只是表面現象，透過圖1-14可以更清楚地了解此時籌碼已充分被另一波投資者接手。

　　圖1-14是海德股份2019年10月23日的籌碼分布圖，這是個股跌至低點後，上漲至中段時的籌碼分布圖。對比圖1-12可見，原本密集分布在上方的籌碼減少，部分籌碼流向低位整理區。再結合圖1-13可知，隨後再度密集分布於9.25～9.50元區間的籌碼，其實正是這些從低位區向上流動的籌碼。

　　藉由圖1-12、圖1-13、圖1-14這3張圖，我們可以清晰、全面地了解在股價大起大落時的籌碼流動過程。在學習籌碼分析技術時，唯有關注這種流動性，才能動態分析市場環境轉變和籌碼變化的情況，更準確地掌握市場行情的發展方向，從而做出正確的買賣決策。

圖1-12	海德股份2019年9月11日的籌碼分布圖

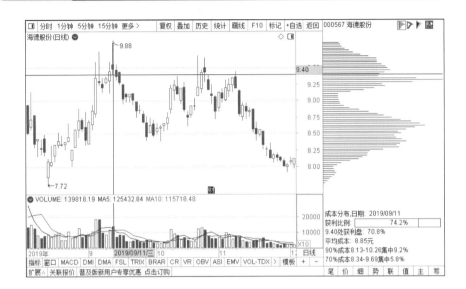

圖1-13	海德股份2019年10月28日的籌碼分布圖

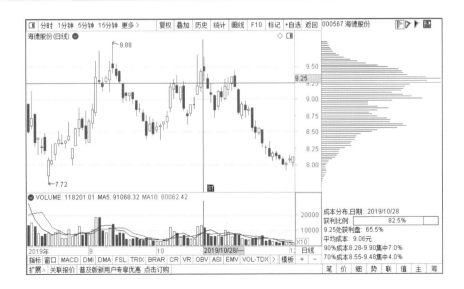

圖1-14　海德股份2019年10月23日的籌碼分布圖

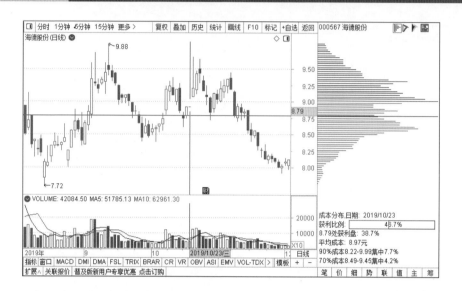

　　分析行情的發展過程與籌碼的轉換過程，是投資者學習籌碼分布的基礎，也是重點內容，這對於進一步展開實戰、學習具體的籌碼形態，有著重要的指導作用。

1.5

主力參與的3階段，
散戶該怎麼做？

籌碼轉移不僅意味著持股數量的轉移，更意味著股價的變化。一輪行情的發展過程因籌碼轉移開始，又因籌碼轉移而結束。從表面上來看，行情大起大落是因為股價波動，但追根究柢是因為持股成本的變化。要理解這一點，就必須分析一輪行情的發展過程。

有主力參與的個股通常交易活絡，在市場環境配合的背景下，能走出大行情；沒有主力參與或主力參與度較低的個股，往往很難跑贏大盤。市場行為的本質是對持股成本的控制，在低價位買進，在高價位賣出，才會產生獲利。

一輪行情的發展過程，主要由進貨、拉升和出貨3個階段構成。下面結合主力參與的3個階段，看看行情發展過程中如何實現籌碼的轉換。

🌱 1.5.1 進貨階段：主力進貨區域是中長線布局的好時機

進貨階段的主要任務是在低位大量買進股票。對於一檔流通籌碼數量有限的股票來說，進貨是否充分十分重要，因為這關係著主力隨後的能力。一般來說，主力的進貨情況造成以下2方面的影響：

1. 持股量決定獲利，進貨越多，獲利越大。
2. 持股量決定參與程度，進貨越多，市場浮額越少，主力就越強。

主力進貨的過程就是籌碼換手的過程，換手是指籌碼從一般投資者手中逐步流向主力手中，在這個過程中，主力為買方，一般投資者為賣方。只有

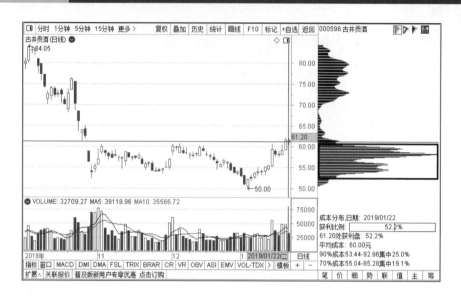

圖1-15 古井貢酒2019年1月22日的籌碼分布圖

在低位使籌碼充分換手,進貨階段才會結束,發動上攻行情的條件也才會趨於成熟,主力的進貨區域便是其持有股票的成本區域。

圖1-15是古井貢酒2019年1月22日的籌碼分布圖。這是主力進貨後的典型籌碼分布形態——低位區密集。大量籌碼在這個相對狹小的低位震盪區實現換手。隨著主力進貨的數量越來越多,個股出現上漲進而脫離主力成本區域的機率就越大。**在實際操作中,主力進貨的區域也是中長線投資者布局的好時機。**這個區域一般出現在行情低點,既有投資價值又有技術支撐,是理想的進場點。

1.5.2 拉升階段:主力持股量不斷變化, 應等待股價上漲

拉升階段的主要任務,是讓股價脫離主力進貨的成本區域,並拉開獲利空間。在拉升過程中,主力的大部分籌碼都鎖定在進貨區域,等待股票漲至高價後獲利賣出。

在拉升階段,交易異常活絡,籌碼加速換手。在這個階段,主力的持股

圖1-16 古井貢酒2019年5月16日的籌碼分布圖

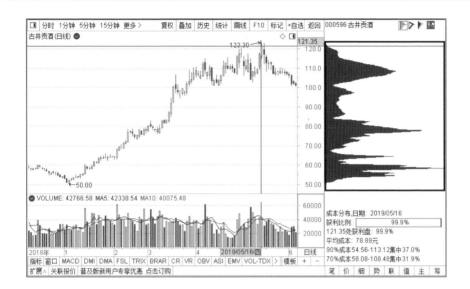

數量會不斷變化。拉升時，主力會買進更多籌碼，其手中持股數量增多；股價短線回檔之際，主力會順勢拋售一部分獲利籌碼，其手中持股數量相應減少。一般來說，**主力是否會在拉升過程中進一步增加持股數量，與主力對大勢的判斷和個股的題材有關。**

圖1-16是古井貢酒2019年5月16日的籌碼分布圖。從圖中可以看到，**該股在主力進貨後，出現一波急速上漲走勢，此時個股流通籌碼相對地分布在個股的上漲空間，這是拉升階段的典型籌碼分布形態。**在經歷急速上攻後，主力的出貨行為較明顯，股價也將進入頭部區。

1.5.3 出貨階段：當籌碼上移到高位區，及時賣股離場

出貨階段是把手中籌碼換成現金的過程。隨著股票價格上漲，主力的獲利越來越多，股價也遠遠超過它的實際價值，主力在高位出貨的可能性不斷增加。一般來說，主力出貨是個漫長的過程，但如果遇到大盤急跌，不排除主力大筆出貨，雖然會縮小獲利空間，卻能快速收回成本，降低大盤暴跌帶

圖1-17 盛達資源2019年9月25日的籌碼分布圖

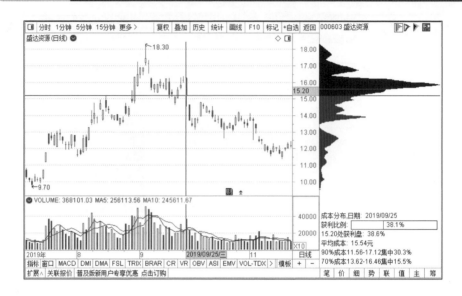

來的風險。

實際操作中，投資者應密切關注籌碼在高位區的變化。若大量籌碼已密集堆積於高位區，表示籌碼在高位區已充分換手，拉升前的低位區籌碼被上移至高位區，這其中通常有大量主力在低位區買進籌碼。當低位區籌碼全部上移至高位區時，主力的出貨行為也宣告結束，一輪下跌行情將隨之到來。

圖1-17是盛達資源2019年9月25日的籌碼分布圖。在經歷高位震盪後，這個震盪區的籌碼十分密集，由此可知籌碼在高位區的換手非常充分，主力的低位區籌碼已悄然出貨。此時**投資者應及時賣股離場、規避風險**。從圖中可以看到，個股隨後還出現二次衝高走勢。**二次衝高經常讓持股者產生個股會再創新高、重拾漲勢的錯覺**，進而不願意賣出股票，甚至吸引一定的追漲盤湧入。

在一輪行情的發展過程中，要重視「低位充分換手」和「高位充分換手」這2個概念。**低位充分換手是進貨階段結束的標誌，高位充分換手是出貨階段結束的標誌**。所謂充分換手，是在一定的價格區域內，成交量充分放大，使分散在各價位的籌碼，集中在一個主要的價格區域內。

總之，任何一輪行情的發展過程，都是由高位換手到低位換手，再由低位換手到高位換手的過程。這種成本轉換的過程不僅是實現獲利的過程，也是虧損的過程，進而形成股票走勢的所有歷程。

第2章

從 5 個視角，
全方位解析籌碼分布

2.1 從「趨勢」視角，尋找有潛力的標的

有經驗的投資者都知道，參與股市時要重「勢」。當勢好的時候，個股的「質」反而沒那麼重要。投資業績差的股票，同樣可以在勢好的時候獲利，由於業績差股本小，其漲幅、漲勢甚至遠遠好過某些績優股。

2.1.1 抓住中長線投資時機，趁牛市賺大錢

這裡說的「勢」是指趨勢，市場的整體運行趨勢向上時，由於賺錢效應，股市內外的投資者熱情高漲，進而推動更多資金入市。此時，絕大多數個股都會上漲，翻倍股也比比皆是，因此即使不懂技術分析，投資獲利也不是難事。但這種充滿熱情的市場，持續時間通常很短，投資者還是需要利用技術分析工具，在相對平穩的市場上賺取獲利。

好的勢固然重要，但如果選錯個股，同樣無法實現獲利，因此投資者還要關注個股的潛力。一般來說，我們可以從題材面、流通數量、所處行業和地域、是否符合當前趨勢等方面，著手挑選個股。當好的勢與好的股相互配合時，我們更能享受由資金快速增值帶來的樂趣。

圖2-1是滬電股份2018年6月至2019年10月的走勢圖。該股在一年多的時間裡，向投資者詮釋有潛力的個股如何利用牛市實現大幅上漲：

1. 2018年8月以前，股市低迷，個股極度不活躍，許多有經驗的投資者離開市場，尋找其他投資途徑，該股在5元以下徘徊。

2. 2018年8月之後，股價指數還處於下跌中，但受到5G概念帶動，5G板塊開始上漲。

3. 2019年1月之後，此時股市具有熱錢效應，大批資金加速湧入。該股

圖2-1	滬電股份2018年6月至2019年10月的走勢圖

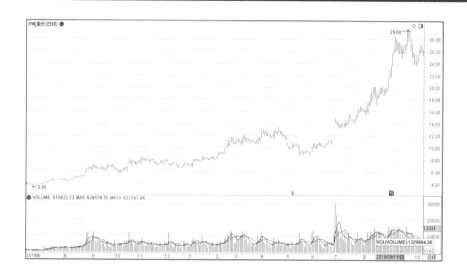

借助同期的題材實現跳越式上漲，至2019年9月，股價達到29.6元。從3.36元至29.6元，該股累計上漲約7.8倍。

從圖2-1的例子可以看出，有潛力的個股如果遇到牛市，往往會大幅上漲，累計漲幅遠超預期。從這個角度來看，按照中長線投資的思路，在市場低迷、股市被低估的情況下，若能買進有潛力的小型股，那麼技術分析將處於次要地位。

以滬電股份為例，若將2018年6月作為起漲點，該如何利用籌碼分布捕捉中長線時機？我將在第3章詳細講解。

🌱 2.1.2 從低位區上穿套牢區，是成為翻倍飆股的前兆

若個股處於橫向震盪走勢中，且此時市場相對低迷、整體估值偏低，而個股的估值與市場同步，就是一個相對的低位區。

在這個震盪區間股價會回檔，且大量籌碼處於短線被套牢狀態，若隨後該股能以相對縮量的方式向上穿越此被套區間，大多代表市場浮額較少、主力能力較強，而這也是個股後期有望成為翻倍飆股的前兆。

圖2-2 曠達科技2019年12月31日的籌碼分布圖

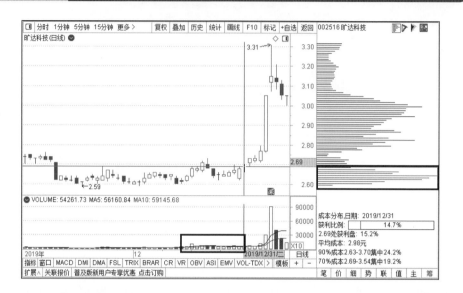

　　圖2-2是曠達科技2019年12月31日的籌碼分布圖。個股沒有出現漲升行情，而是持續橫向震盪。

　　如圖中標注所示，在2019年12月31日的前幾日，個股出現一個套牢密集峰，但隨後上穿這個密集峰時，成交量沒有明顯放大，表示市場籌碼的鎖定度很高。再結合當時市場相對低迷、整體估值偏低、個股題材獨特的情況，可以知道有主力資金在這個橫盤震盪區大力進貨，此時是中長線進場布局的好時機。

2.2

從「主力」視角，
分時圖是短線操作的利器

如果投資者成功捕捉主力並跟隨主力的步伐，那麼預期獲利很可能不錯。個股是否有主力參與？主力參與的程度如何？主力目前的市場行為是什麼？這些問題直接關係到投資者的獲利。

2.2.1 預測主力行為，不能只用一種技術分析工具

分析並預測主力的行為時，絕不能只運用一種技術分析工具，而是綜合運用各種工具。在實戰中，我們可以藉由K線形態、量價關係、相關的技術指標、交易所公布的買賣數據、分時圖形態等資訊，進行綜合分析。

此外，籌碼分布是一種更有效的方式，因為主力參與會改變市場籌碼分布形態，投資者只要能從中捕捉線索，就可以進一步掌握主力的行蹤，例如：在2.1節中，透過觀察「低位區無量上穿套牢峰」形態，確定曠達科技的市場浮額較少，再結合個股的題材面來看，主力參與的機率非常大，若買進該股能使資金快速增值。

當然，主力也會在較好的市場氛圍下進行拉升，在分析主力的行蹤時，還需要關注市場的整體情況，是處於低迷狀態還是亢奮狀態？是產業循環還是齊漲共跌？唯有準確了解市場情況，投資者才能更好地預測主力的下一步動作，使我們的操作及資金調度更合理。

2.2.2 當短線上攻的力道強，可用分時圖適度追漲

分時線既是短線操作時的利器，還可以結合籌碼形態，幫助投資者展開

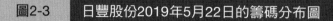

圖2-3　　日豐股份2019年5月22日的籌碼分布圖

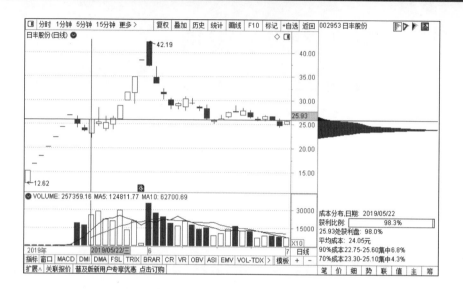

更精準的實戰。一般來說，分時圖更適合用於短線交易中。如果個股在盤中大幅拉升，且收盤時保住拉升成果，同時股價的盤中低點、高點都穿越籌碼密集區，說明主力拉升意願堅決，個股短線衝擊力較強。

　　圖2-3是日豐股份2019年5月22日的籌碼分布圖。作為新上市股票，該股在經歷第7個漲停後震盪。相對於其他新股來說，在市場上其流通數量少、股價相對便宜是較大的優勢。從圖2-3來看，由於充分換手且大幅震盪，此時個股已呈現單峰密集形態。

　　圖2-4是日豐股份2019年5月22日的分時圖。從圖中可以看到，當日個股開低走平，但在午盤後直線拉升，使股價一舉穿越籌碼密集區。這正是短線上攻力道強的訊號，也是主力拉升意願強烈的訊號。結合當時穩定的市場環境來看，投資者此時可以適當追漲，以賺取短線獲利。

圖2-4 日豐股份2019年5月22日的分時圖

2.3

從「量價」視角，
用成交量辨別力道強弱

技術分析的領域很廣，但說到基礎性、實用性，量價分析無疑是重中之重，「量先價行」是投資人熟知的經典規律。因此，在籌碼分析的過程中，一定要關注量價關係，而且當個股的籌碼分布形態沒有特徵，難以看出買賣資訊時，把目光轉向量價或許會有所收穫。

本節將在成交量的基礎上，解說如何利用量價資訊輔助籌碼分析。

2.3.1 成交量是股價走勢的先兆，更是上漲的動力

在分析市場狀況、預測價格走勢的過程中，了解多空雙方的交鋒力道至關重要。放大的量能說明多空雙方的交鋒激烈，縮小的量能說明多空雙方的交鋒緩和。

成交量直接展現多空雙方的交鋒力道。此外，成交量還是個股上漲的動力，是價格走勢變化的前兆、分析主力行蹤的線索，而且成交量還能反映市場人氣，也能展現籌碼的供求關係。

下面結合案例，看看成交量作為個股上漲動力時的表現。

圖2-5是平安銀行2019年5月至12月的走勢圖。個股在低位區震盪之後開始向上攀升。隨著股價上漲，量能明顯放大。對於該股的上漲，可以看到量能作為上漲動力時帶來的明顯效果，而且當這種上漲動力效果（即放量效果）沒有明顯減弱時，就中短線來說，投資者仍然可以繼續持有。一旦量能大幅萎縮，表示上漲動力減弱，短線宜賣出，以迴避風險。

圖2-5	平安銀行2019年5月至12月的走勢圖

2.3.2 根據股價上漲時的量能程度，了解籌碼供需關係

　　個股的流通籌碼有限，除了持股股東、策略性投資者手中的籌碼之外，大部分籌碼相對散亂地分布在散戶、機構、券商等投資者的手中。這些籌碼具有較大的流通性，投資者會結合當時的市場環境隨時改變策略。

　　股市的冷熱決定持股者的出售意願。當市場整體趨勢轉好，且籌碼具備很好的保值性與增值性時，持股者會捨不得賣出，而場外投資者只能以高價獲得籌碼，這時籌碼處於需求大於供給的狀態。

　　如果股價快速上漲，成交量卻沒有明顯放大，表示市場需求籌碼的力道遠強於市場供應籌碼的力道，這是看漲的標誌。當股票的供需嚴重失衡時，表現在股價上就是出現漲停板或跌停板，由於形態不同，這時的成交量可能放大，也可能縮小。同樣道理，我們還可以結合價格走勢，來解讀籌碼的供需關係。

　　圖2-6是世紀星源2019年9月2日的籌碼分布圖。個股處於上升通道中，在2019年9月2日的前幾日，股價橫向窄幅震盪，量能明顯萎縮，結合趨勢來

圖2-6	世紀星源2019年9月2日的籌碼分布圖

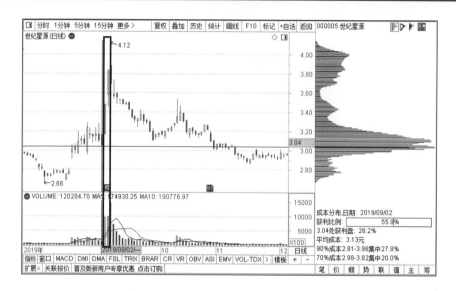

看，此時籌碼處於需求大於供給的狀態，但是很難判斷需求大於供給的程度。

　　隨後個股開始強勢突破，值得注意的是，這3個交易日的量能巨大，表示籌碼的鎖定度較差，雖然處於需求大於供給的狀態，但股價一旦出現劇烈波動，個股能供應的籌碼（即賣出的籌碼）會急速增多。此種上漲不穩定，沒有主力強力參與的個股難有持續上漲的動力，只適合短線交易，不適合中線持有。在實際操作中，持股者應在短線滯漲後及時賣出。

🌱 2.3.3 在全盤獲利下放出巨量，表示籌碼鎖定度低

　　在全盤獲利的狀態下，個股強勢突破代表主力的拉升行為，此時成交量的大小反映主力的參與情況。如果放出大量，大多表示籌碼的鎖定度不高，沒有大盤配合，個股難有持續上漲的動力；如果量能未明顯放大，表示主力的實力較強，值得關注個股隨後的中期走勢。

　　圖2-7是大悅城2019年10月8日的籌碼分布圖。該股在橫向振盪之後，籌碼分布形態顯示當日幾乎全盤獲利。如圖中標注所示，個股隨後以大陽線向

| 圖2-7 | 大悅城2019年10月8日的籌碼分布圖 |

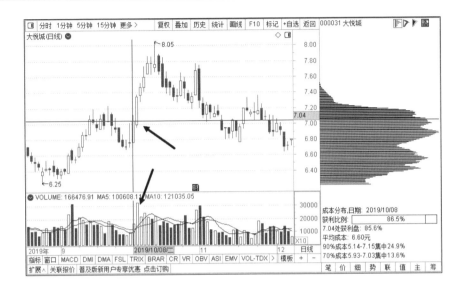

上強勢突破，當日的量能是之前的2倍左右，說明市場籌碼的鎖定度不高。基於此分析可知，一旦個股短線上攻受阻或出現短線賣出訊號時，投資者應及時賣出，以規避大幅回落的風險。

2.4

從「漲停」視角，
抓準熱門題材發現飆股

　　制定漲停板、跌停板制度的目的，是避免股價在短時間內劇烈波動，導致投資者做出不理智的決定。但實際情況並非如此，漲停板、跌停板的出現，會相對應地改變投資者的心理預期，進而在一定程度上發揮助漲、助跌的作用。舉例來說，出現漲停板時，持股者及場外投資者看到充足的買盤力量，會提高心理預期，選擇在更高的價位處進行交易。

　　從實戰角度來看，很多短線飆股都是以漲停板為啟動訊號，而且漲停股次日的平均上漲幅度，明顯高於市場平均水準。漲停的股票有如此良好表現，是因為相關技術仍掌握在少數人手中。

2.4.1 想知道個股漲停板後的走勢，要看 3 件事

　　漲停板可能是個股向上突破的訊號，也可能代表偶然性的一日遊。一般來說，分析和預測漲停板後的個股走勢，可以從以下3點著手：

　　1. 個股是否有題材支撐、符合市場當前熱門題材。如果個股符合近期的市場熱門題材，則漲停板代表真實突破的機率較大。伴隨著漲停板的出現，個股隨後可能出現一波上攻行情。如果個股無題材支撐、市場關注度不高，即使日K線形態優異，漲停板仍不是真實突破訊號的機率很高。

　　2. 漲停後次日和第三日的表現。若漲停板代表真實突破，表示有主力積極參與，而單日的漲停板會引發較強的獲利賣壓。如果個股在漲停後的次日和第三日在盤中站穩，且已保住漲停突破日的上攻成果，那麼漲停板代表真實突破的機率大，反之則大多是單日的漲停板。

　　3. 小型股漲停代表真實突破，中型股及大型股漲停是一日遊。小型股的

漲停板大多是主力拉升的產物，不易引發劇烈的多空分歧，容易實現突破式上漲。中型股及大型股的漲停板通常是產業輪動的產物，一旦個股漲停，獲利資金會大量湧出。

2.4.2 題材的時效性很重要，得關注資金運行方向

投資漲停股、翻倍飆股是投資者夢寐以求的目標，它們的出現與題材密不可分。我們可以從主力的參與程度、市場行為等角度捕捉翻倍飆股，也可以從個股的題材面著手。相對來說，從題材面著手的方法更簡單有效。

對題材來說，難有持久的熱門，也沒有永遠的冷門，因此投資者需要多方關注，例如：關注政策導向、科研成果、新興領域取得的突破等。此外，也有一些傳統的熱門題材，例如：高配股、資產挹注等。

下面簡單介紹A股市場中常見的題材。對這些題材來說，即時性是關鍵，應密切關注市場資金的運行方向，因為個股的題材是固定的，只有獲得市場認可、得到多方參與時，才能成為真正的熱門題材。

1. 高配股題材

高配股是指配股或轉增資股票的比例較大。高配股題材常見於市場環境較好的情況下。當主力參與有高配股預期的個股，或已發布高配股方案的個股時，由於場內外資金充沛，這個題材容易引發市場共鳴。

高配股增加上市公司的股本，由於高配股後要除權，因此股票的總價值未發生變化。那麼，高配股為何成為長盛不衰的熱門題材？在中國股票市場中，上市公司的成長與股本擴張同步進行，因此實施高配股方案的個股經常被認為成長性較好，從而獲得市場追捧。

其次，在高配股方案的除權日，使股價在K線走勢圖中出現低價的視覺效果，有利於主力在之後的高位區出貨。

2. 資產注入

在股市中，重大的資產注入可以讓上市公司脫胎換骨。注入資產的性質，決定個股在消息發布後的走勢。

通常，在消息發布後，若注入資產的規模較大且屬於優質資產，特別是

符合當時市場熱門的資產，個股往往會出現連續的無量漲停板，將不再有低位買進的機會。若注入資產的前景較好，但不符合當時市場熱門資產，便會引發市場分歧，且個股短線上漲幅度不大。面對這種情況，應結合同期市況及注入資產的情況做具體分析。

3. 新股題材

新股有特殊題材，它的市場流通量通常很小且題材獨特，容易吸引主力參與或投資者追漲。

對新股來說，打開漲停之後，才會影響市場中投資者的買賣決策。一般來說，主力參與新股時，以下2個因素缺一不可：一是低價位的籌碼，二是上市公司的經營題材在某些領域有其獨特性。

若一檔新股上市時，正逢股市整體估值較低、題材較好（處於朝陽行業、有技術優勢等）。面對這樣的新股，投資者可以積極關注，一旦股市及個股同步站穩，便可以大膽買進。

4. 政策導向題材

國家會根據當前所處的經濟環境及發展規劃，適當扶持一些行業。在此背景下，相關受益行業的受益股便是因政策導向、國家方針而產生的市場熱門題材。股市對經濟政策最敏感，主力自然會適時參與相關受益股。

總之，題材可說是五花八門、千變萬化，雖然好的題材能為個股勾勒一個美好前景，但更重要的是，市場是否對該題材充滿熱情。至於這些題材是否真的能為企業帶來實質性好處，則不在主力與市場的考慮範圍內。

因此，在參與題材股時，絕不能以價值分析展開操作，而應該以技術面為主，看看個股的上漲動力是否充足、投資者的追漲熱情是否高昂、主力的拉升行為是否堅決。藉由分析盤面資訊，這些問題都可迎刃而解。

🌱 2.4.3 搶漲停板有 6 個重點，幫你瞬間做出決定

對漲停板來說，有一種獨特的搶漲停板交易技術，它要求投資者快速判斷個股能否漲停，以及次日或隨後幾日的上攻潛力，進而決定是否在個股臨

近漲停價時買進。

　　搶漲停板技術要求投資者在極短的時間內，做出是否買進的決定，似乎沒有太多的思考時間，而且只能以盤面走勢為依據。要在短短幾分鐘內做出決定，考驗投資者的綜合能力。以下結合實戰經驗，根據交易前需要兼顧的要素，將搶漲停板技術的要點按照順序，總結為以下6點：

1. 看突破空間是否充足

　　個股若短線漲幅較大，顯然已產生過多獲利盤，並透支上漲空間，主力一般不會參與這種個股，投資者也不宜搶漲停板買進。那些正處於低盤整理區的個股，一旦以漲停板突破，大多意味著即將打開上漲空間，此時搶漲停板買進的勝算較大。

　　此外，中短期大幅下跌後的反彈也有一定的上漲空間。對於出現在短期大幅上漲後的高點、上穿前期籌碼密集區的點、跌途中的反彈高點的漲停板來說，它們預示的上漲傾向不強，不宜短線買進。

2. 股本大小和個股題材面

　　股票的短期強勢上漲源於資金推動，個股的股本越小，漲停板後的上攻潛力越大。一般來說，若股本超過5億股，漲停板後的短線上漲將遇到一定的壓力；若股本超過10億股，漲停板後的短線上漲將壓力沉重。

　　題材也是決定是否搶漲停板的重要因素。有題材支撐，特別是有熱門題材支撐的個股，若出現漲停板，往往預示出現一波題材行情，搶漲停板這類個股，我們的短線風險小、潛在獲利高。沒有題材支撐的漲停股，雖然也會出現短線突破行情，但短期內的上漲勢頭通常不如題材股猛烈。

3. 最好搶第一個漲停板

　　在實戰中，第一個漲停板最具搶買價值。如果這個漲停板預示將展開一波上漲行情便是最好的，即使這是非突破性漲停板，由於是第一個漲停板，只要大盤走勢穩健，主力基本上也會借助漲停板次日的慣性衝高賣出。

　　以盤整高點出現的第一個漲停板為例，此時個股處於盤整高點，漲停板使其呈現突破上漲。縱觀未能突破的個股，其漲停次日也大多收於十字星，且收盤價接近上一日的漲停價。因此，如果我們在漲停板當日買進，次日卻

發覺情況不妙，可以在次日賣出，以保本離場。

4. 搶漲停板時間早的個股

若要搶漲停板，應盡量搶在早盤階段即能牢牢漲停的個股，因為個股漲停板的時間越早，次日的表現通常越強勁，而對於午盤之後才漲停板的個股來說，不宜再搶漲買進。

一般來說，在10:30之前有漲停板傾向的個股，是投資者可以搶入的對象。為了不錯失機會，在10:30之前，應即時關注行情報價表中漲幅最大的個股，看看它們是否有異動，以及是否有漲停板的傾向。

5. 盤中振幅、盤面形態是關鍵

僅從日K線圖來看，通常難以辨識漲停板的真實特徵。同樣有一根大陽線，但不同個股在分時圖中的形態卻千差萬別。有些個股開平後不久即快速漲停板；有些個股全天走勢平穩，僅在尾盤漲停板；有些個股上下波動後最終才漲停板……。不同的漲停分時圖具有的看漲傾向完全不同，因此投資者在搶入時承擔的風險也不同。

搶漲停板時，盤面形態是關鍵。漲停板時間越早，漲停板封得越牢靠，盤中振幅越小，漲停時的盤面形態越流暢，則個股的漲停板就越具有短線衝擊力。對於漲停時間較晚、漲停不牢靠，或漲停時盤面形態過於突兀的個股，則應當迴避。

6. 提前埋單，果斷出擊

搶漲停就要買進漲停板牢靠且不再打開的個股，因此想成功買進，一定要在個股衝擊漲停板之前做好準備，並在漲停板前的一瞬間搶先買進。

當連續性大買單狂買漲停價位上的賣盤時，可以預測到個股將馬上漲停，如果漲停板的各方面俱佳，此時便是最好的搶漲停板進場時機。當然，個股在盤中高點運行時，如果預測其隨後會漲停，那麼此時也可以提前進場，但這需要投資者承擔個股不漲停帶來的盤中高位套牢風險。

2.4.4 我從 4 個方面，解讀搶漲停板的案例

圖2-8是九鼎投資2019年12月30日的漲停分時圖，我們結合前面的內容，看看如何針對該股的搶漲停板進行實戰操作：

1. 從日K線圖來看，該股2019年12月30日處於低位盤整區內，個股上下震盪幅度較小，此時出現的漲停板可能是突破的訊號。

2. 從股本大小來看，該股的總股本為4.34億股，屬於小股本，該股漲停板成功的機率較大，漲停板後的短線行情值得期待。

3. 從題材面來看，公司從事私募股權投資管理業務，處於朝陽行業中，其上漲容易引發市場共鳴。

4. 從盤面來看，個股當日開高幅度較大，在盤中高點略微停留之後上衝漲停板，且當日盤中振幅較小。

圖2-8	九鼎投資2019年12月30日的漲停分時圖

結合1～4點來看，個股在股本、題材、盤中振幅、分時線上衝流暢度等方面表現較優異，因此可以在個股即將漲停板時搶買，以賺取短線獲利。

該股隨後的短線走勢表示，當日這個漲停板將開始一波上攻行情，而不是單日漲停。若能綜合分析、果斷買進，便可賺取可觀的短線獲利。

2.4.5 連續漲停翻越籌碼套牢區，是主力買進的訊號

本書的重點是籌碼分布，所以在了解漲停交易技術之後，需要結合案例觀察如何結合漲停板與籌碼分布，進一步發揮籌碼交易技術的優勢。

圖2-9是九鼎投資2019年12月27日的籌碼分布圖。個股出現4個漲停板，且個股漲停之前的走勢呈現寬幅震盪狀。在這幾個交易日中，股價由下至上翻越寬幅震盪走勢形成的籌碼套牢區。

在實際操作中，我們可以將此形態稱為「連續漲停翻越籌碼套牢區」，是主力資金參與個股的重要訊號。既然個股以連續漲停板的方式，在震盪區解放所有套牢，就意味著主力拉升個股的意願較強，個股的上漲空間較大。投資者在實際操作中，可以在個股短線回檔後積極買進布局。

圖2-9	九鼎投資2019年12月27日的籌碼分布圖

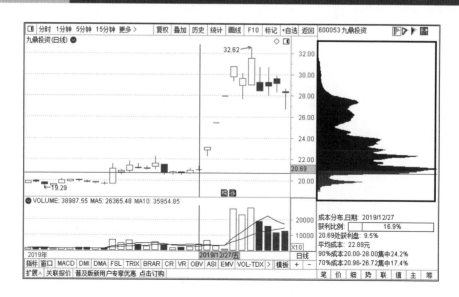

2.5

從「風險」視角，
整合籌碼交易與部位調度

　　股市中，風險與機遇共存，個股能夠翻倍上漲，創造驚人的獲利，也能夠斷崖式下跌，讓本金大幅縮水。學習任何一種投資技術時，不能只看到機會而忽略風險。

　　實際上，有些投資者能在股市中獲利，並不是因為他們掌握許多投資訣竅，而是因為他們懂得控制風險。本節將從風險視角，解說如何結合籌碼交易技術與部位調度展開實戰。

2.5.1 藉由控制部位，降低大盤暴跌的風險

　　對股市來說，系統性風險是指大盤出現暴跌的風險。一般來說，它容易出現在大盤快速上漲之後，市場整體估值偏高、監管機構對股市過熱的抑制、經濟不景氣等多種因素的綜合作用，最終導致進場資金減少、離場資金增多。此外，股市中的羊群效應，以及投資者情緒波動等因素，都很容易引發股市崩跌。

　　舉例來說，2016年6月之後，中國股市一共出現三波快速、大幅下跌，千股跌停的情況時有出現，這種下跌便是系統性風險。

　　出現系統性風險時，投資者不太可能透過分散買股的方式控制風險，因為無論買哪一檔股，幾乎都免不了暴跌的風險，只能藉由控制部位來降低。

　　圖2-10是上證指數2017年12月至2019年3月的周線走勢圖。大盤先出現暴漲，然後出現三波大幅下跌，速度很快且幅度很大，導致投資者恐慌。

　　在這三波下跌走勢中，我們發現90%以上的個股隨波逐流，中小型個股的下跌力道甚至明顯超過大盤指數，這就是系統性風險。不到一年的時間，

圖2-10　上證指數2017年12月至2019年3月的周線走勢圖

大盤出現三波系統性下跌，足以證明股市的系統性風險之大。

2.5.2 不論股市漲跌，都不要碰哪 4 類標的？

　　投資者在判斷系統性風險時，需要掌握股市的整體情況，儘管系統性風險出現的機率較小。更多時候，股市會處於平穩的狀態，無論是上漲還是下跌，波動幅度都不會過大，此時更需要準確掌握個股的運行情況。也正是在股市運行穩健時，投資者往往會重新參與，若不能選好個股，通常有較大的風險。

　　基本上，以下4類個股的風險較大，無論股市情況如何，都不宜參與：

　　1. 短線漲幅較大的題材股：題材股常見的走勢是暴漲暴跌，若沒有提前布局，當短線漲幅較大時（超過30%）不宜再追漲買進，因為主力隨後可能大量出貨，使股價快速下跌。

　　2. 有退市風險的股票：虧損累累的風險股如果有退市的風險，那麼參與其中，風險極大。

　　3. 被立案調查的個股：上市公司不遵守市場規則、相關法律法規，依據不同情形，處罰可重可輕。但在狀況不明時，散戶若貿然參與，則無異於作

繭自縛。

4. 有重大利空，風險未得到明顯釋放的個股：重大利空的類型很多，例如：公司投資失敗、業績持續虧損且難以改善等。這類個股通常會出現持久的低迷走勢，股價一路走低，若過早買進，恐怕會抄底不成反被套。

2.5.3 想趁勢加碼買進，需要注意哪些事項？

累進加碼法經常運用在大方向判斷正確，且第一筆交易已產生獲利的情況下。以下舉例說明如何應用：

1. 某投資者在A點買進一檔股票，這個位置相對較低。此時市場低迷，投資者採取積極布局的方式，持股數量相對較多。

2. 隨後個股開始上漲，投資者已處於獲利狀態。投資者認為這輪漲勢才剛起步，因此不急於賣出獲利，並在次高點B點加碼買進。

3. 當股價漲至C點時，投資者認為C點不過是這輪漲勢的中間點，於是再次加碼買進。臨近頭部時才完全賣出，獲利出局。

運用累進加碼法時，有以下3點需要注意：

1. 獲利時才加碼：因為獲利時加碼屬於順市而行，順水推舟。

2. 不能在同一個價位加碼：在同一個價位加碼無疑會增加持股比例，若此點位是頭部或股價在短期內快速回落，投資者將變得十分被動。

3. 採用金字塔式加碼：金字塔式加碼是指加碼的數量一次比一次少，這樣才能保住前面的獲利。相反地，如果加碼的數量一次比一次多，很可能因為一次加碼錯誤，而陷入前功盡棄、獲利盡失的情況。

圖2-11是上海機場2018年10月至2019年9月的走勢圖。圖中標注3個買進位置。買進的籌碼數量一次少於一次是累進加碼法。一般來說，投資者常在投資中期走勢看好、有業績支撐，且走勢明顯強於大盤的個股時，使用累進加碼法。

當個股呈現加速上漲狀態時，要關注頭部的出現，並實施積極的減少部位策略。減少部位時應採取倒金字塔式的方法，即賣出的股票數量一次比一次多，這種方式可以盡量鎖定獲利，雖然無法實現獲利最大化，卻能創造較

圖2-11　　上海機場2018年10月至2019年9月的走勢圖

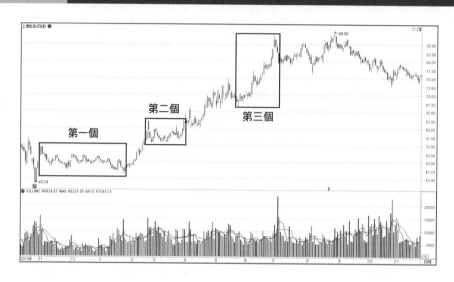

佳的風險報酬比。

2.5.4 手中持有現金，能讓自己處於主動地位

　　投資者很難把握市場中的機會，風險卻相對可控。在無法抓住機會、感到無從下手時，不要在意上漲幅度很大的股票，而是將現金握在手中，這才是最佳策略。

　　手中持有現金可以讓自己永遠處於主動地位，但在股市中能真正做到的人不多。每個交易日都有一些股票上衝漲停板，也有一些股票出現大幅下跌，無論投資者喜歡追漲還是逢低買進，似乎都有可選的股票，殊不知這種盲目一旦失敗，會讓我們遭受損失。當真正的機會出現時，由於之前的錯誤決定，資金仍可能被深套在某些股票中，使我們無法把握機會。

　　我們要耐心等待時機，絕對不可以心急。當股市跌至谷底時，市場中的每個人都會對此感到失望。當看不到有任何起色時，若你拿著現金買進，隨著長期持有，一旦股市回暖或牛市來臨，你的獲利將十分豐厚，這有點物極必反的意味。這件事告訴投資者一個股市真理，那就是「手中持有現金就有機會」。

若個股的走勢與我們預測的走勢恰好相反，這時必須及時停損離場。設立停損價（停損點）的主要目的在於控制損失。當市場行情對你不利時，可以藉此設立停損價，把虧損控制在預定金額內，不讓損失繼續增加，也可以藉此退出市場，設立停損價。

　　設立停損價時，既要結合大盤與個股特性，還要結合部位情況。若將停損價設在離買進價較近的位置，當價格波動幅度稍微大一點時，股價就會觸碰停損價，促使投資者賣出，雖然損失程度很小，但投資者會因此錯過許多獲利機會；若停損價離買進價太遠，一般的波動幅度將不易觸碰停損價，除非價格走勢明朗，否則很容易導致較大的虧損。因此，**設立停損價的關鍵在於找到折衷點。**

第 **3** 章

準確解讀籌碼形態，
讓你漲跌都能賺

3.1

認識「峰」與「谷」的形態與轉變

移動K線圖上的游標，會在右側顯示相應的籌碼分布圖。籌碼分布形態就像一座座山交錯而立，我們可以用「峰」與「谷」展現這種形態。本節將結合實例，介紹峰與谷蘊含的市場含義，以及它們如何相互轉化。

3.1.1 峰與谷，是籌碼分布圖的基本形態

我們可以這樣定義「峰」：**在一個相對狹小的價格區間內聚集較多的流通籌碼，使價格區間的籌碼形態呈現山峰狀。**不必糾結什麼是「相對狹小的價格區間」或「較多的流通籌碼」，因為籌碼分布圖本身是一張形象的展示圖，而非精確的定義。

簡單來說，峰是指籌碼較密集的一個狹小區間，由於籌碼數量較多，因此籌碼分布圖中這個區間的橫線較長，看上去如同一座山峰。

圖3-1是國投資本2020年2月17日的籌碼分布圖。如圖中標注所示，圖中有3個籌碼密集峰，它們很明顯，所以不必知道具體的比率，就能直接辨識這些峰，直觀、具象就是籌碼分布圖的優點。

此外，在峰與峰之間，還有因為**籌碼數量較少而形成的凹陷區域，被稱為谷。**在籌碼分布圖中，峰與谷是兩種最基本的局部形態，也是投資者進一步解讀籌碼分布圖的市場含義的出發點。

3.1.2 震盪持續越長，峰的形態越明顯

峰是價格區間狹窄且籌碼數量較多的直觀表現，意味著很多人的持股成

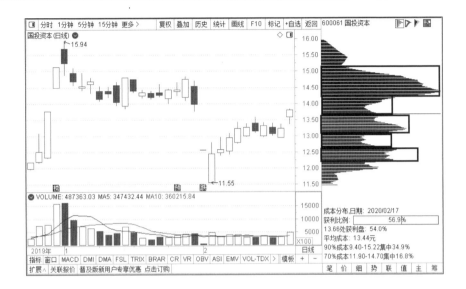

圖3-1　國投資本2020年2月17日的籌碼分布圖

本在此價格區間內。股票是流通的，籌碼在不斷換手的過程中改變了投資者的持股成本，因此換手要夠充分，是形成籌碼密集峰的條件。

　　一般來說，**峰的形成與橫向震盪走勢有關，震盪持續的時間越長，籌碼的換手越充分，這個價格區間內聚集的籌碼數量也就越多，峰的形態特徵也就越明顯**。但是，有時僅僅持續幾個交易日的橫向震盪走勢，也可以形成峰，這大多是因為這幾日的交易異常活絡，實現籌碼的快速換手。

　　圖3-2是美爾雅2019年2月25日的籌碼分布圖。在此之前，個股處於攀升走勢當中，籌碼也分布在相對開闊的區域內。隨後個股開始橫向震盪，運行至2019年3月29日時，如圖3-3所示，在這個相對高位的橫向震盪區，形成一個明顯的密集峰，這就是因橫向震盪走勢所形成的密集峰。

　　在這個例子中，雖然橫向震盪走勢持續的時間較短，但由於這段時間的交易活絡，才得以實現籌碼的快速換手，進而形成密集峰。

🌱 3.1.3「單日峰」是什麼？為什麼會形成？

　　橫向震盪走勢形成密集峰的觀念比較容易理解。此外，還有一種較特殊

圖3-2　美爾雅2019年2月25日的籌碼分布圖

圖3-3　美爾雅2019年3月29日的籌碼分布圖

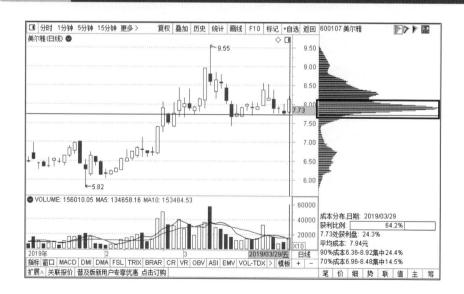

的峰，那就是「單日峰」。

單日峰是指僅用一個交易日，就讓較多的籌碼匯聚在當日的價格區間內。一般來說，形成單日峰的原因是：**在個股走勢相對極端的背景下，由於多空雙方分歧明顯，而當日的盤中振幅又大，促成籌碼單日快速換手，進而形成單日峰。**

圖3-4是中國衛星2020年2月6日的籌碼分布圖。個股在此之前處於快速上漲狀態，從圖中可以看到，當日全部流通籌碼均處於獲利狀態，且分布在36.77元下方。

次日，個股於盤中開高走低，且盤中振幅巨大。在這種局部價格走勢極端、當日盤中振幅大的情況下，多空雙方勢必出現強烈分歧，促使籌碼在一個交易日內快速換手。如圖3-5所示，當日交易過後，較多籌碼匯聚在37.50元上方，這就是極端走勢背景下形成的單日峰。

🌱 3.1.4「多日峰」是什麼？為什麼會形成？

多日峰出現在個股創局部新高的走勢中，此時個股在高點僅經過幾個交

圖3-4	中國衛星2020年2月6日的籌碼分布圖

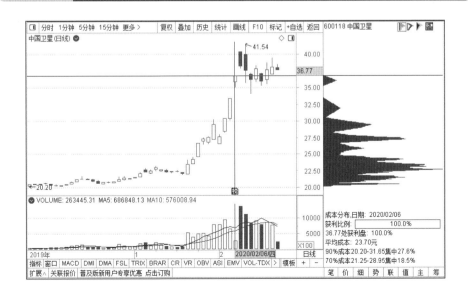

圖3-5	中國衛星2020年2月7日的籌碼分布圖

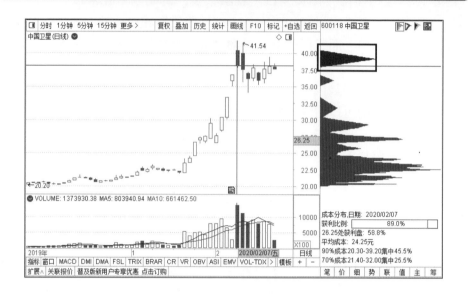

易日的橫向震盪，就使大量籌碼匯聚在此價格區間內，進而形成一個明顯的多日峰。出現多日峰表示市場浮額較多，個股在短期內難有快速上漲行情。在實際操作中，適合減碼以降低風險。

圖3-6是金健米業2019年6月18日的籌碼分布圖。該股經過長時間穩健攀升後，於高點出現橫向震盪走勢，如圖中標注所示，只經過5個交易日，就使絕大多數的籌碼匯聚於此價格區間內，進而形成一個密集峰，這就是多日峰。

結合同期大盤走勢來看，該股走勢明顯強於大盤，出現多日峰表示市場獲利賣壓較重、浮額較多，該股在短期內難有更好的表現。在實際操作中，短線適合減少部位，以降低風險。

🌱 3.1.5 谷的形成具有什麼市場含義？

峰是籌碼匯聚的標誌，也是價格走勢暫時趨於穩定的表現。與此相反的是籌碼的空白區域，就是在有籌碼分布的整個價格區間內，有一段價格區間

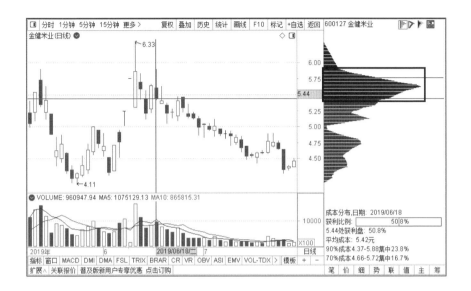

圖3-6　金健米業2019年6月18日的籌碼分布圖

的籌碼數量很少，而其上、下價格區間的籌碼數量則較多。從形態來看，此區間如同一個凹陷的谷，就是所謂的谷。

　　谷出現在快速下跌或快速上漲之後，連接著上、下兩個盤整區。個股在急速下跌之後（或急速上漲之後）構築一個平台，這個平台可能是股價走勢的反轉平台，也可能是延續原有趨勢的中繼平台。在實際操作中，應結合大盤走勢及個股特點做綜合分析。

　　圖3-7是航太機電2019年12月18日的籌碼分布圖。個股首先出現平台區的整理走勢，隨後又出現一波快速上漲走勢，緊接著個股上漲受阻。這個過程使籌碼分布圖上出現谷的形態。

　　如果個股處於中長期低點，且在籌碼分布圖中出現谷的形態，個股之後出現一波由底到頂的反彈走勢機率極大，這時便是中短線進場的好時機。

3.1.6 多空力量是否平衡，造成峰與谷的轉變

　　流動性與形態的互相轉化，是籌碼運動的主要特徵，而且籌碼的峰與谷

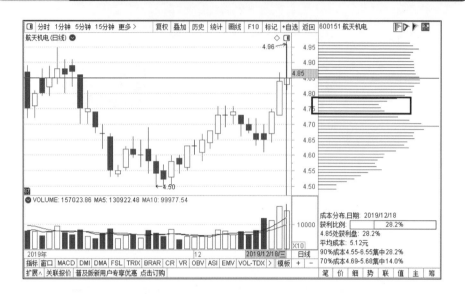

圖3-7 航太機電2019年12月18日的籌碼分布圖

之間也可以互相轉化。峰出現時，大多代表股價波動幅度比較窄，是多空力量平衡的表現；谷出現時，大多代表股價波動加劇，表示多空平衡被打破。

市場的多空力量對比格局，在這種平衡與不平衡之間切換，造成籌碼的峰與谷之間互相轉化。

由圖3-7可見，在2019年12月18日，由於前期快速上漲，此時籌碼形態仍然為谷，位於4.8元附近。但如圖3-8所示，當個股運行至2020年1月2日時，原有的谷隨著個股的震盪而逐漸填平，這就是籌碼「填谷轉峰」的過程。

3.1.7 中繼谷與反轉谷有何不同？該怎麼獲利？

中繼谷與反轉谷，是結合個股的趨勢運行情況及走勢特徵總結而來。中繼谷顧名思義，代表趨勢仍將延續下去，經常出現在趨勢剛形成時。當個股向上突破低位盤整區時出現的短暫整理走勢，會使個股的籌碼分布呈現谷的形態，這是上升趨勢的中繼谷；當個股向下跌破高位盤整區時出現的短暫整理走勢，會使個股的籌碼分布呈現谷的形態，這是下跌趨勢的中繼谷。

圖3-8　航太機電2020年1月2日的籌碼分布圖

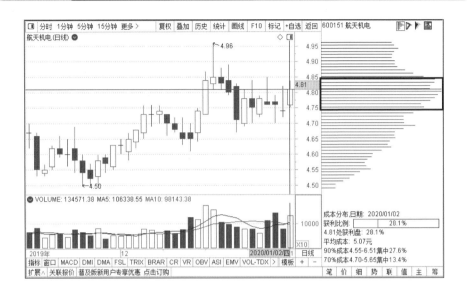

　　一般而言，若非大盤走勢很差，在中繼谷出現後，個股很少會因為回檔（出現在上升趨勢中）或反彈（出現在下跌趨勢中）而出現填谷走勢。下頁圖3-9是白雲機場2019年9月17日的籌碼分布圖。此時個股才剛強勢突破低位整理區，主力拉升跡象明顯，同期的大盤走勢穩健，連續幾個交易日的橫向整理，使籌碼分布圖中出現谷的形態。

　　結合同期大盤走勢及個股運行情況來看，這是上升趨勢的中繼谷，在這種情況下，個股大多不會因為回檔而出現填谷走勢。在實際操作中，投資者可以在個股短暫整理的幾日中擇機買進。**由於這種操作屬於追漲，若同期市場做多氛圍不濃，應控制好部位，短線快進快出。**

　　反轉谷出現在個股累計漲幅較大（上升趨勢中）或累計跌幅較大（下跌趨勢中）的位置區時，籌碼分布圖中一般會出現谷的形態，即使個股走勢不會馬上反轉，也極容易出現反方向的填谷走勢。

　　下頁圖3-10是白雲機場2019年10月17日的籌碼分布圖。此時個股的中期累計漲幅大，獲利眾多。如圖中標注所示，這時出現一個開闊的反轉谷，股價由頂回檔至底的機率極大。實際操作中應及時獲利離場，以規避風險。

圖3-9　　白雲機場2019年9月17日的籌碼分布圖

圖3-10　　白雲機場2019年10月17日的籌碼分布圖

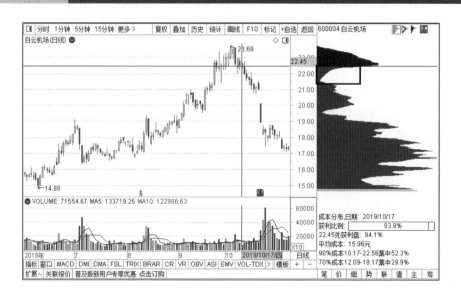

3.2 把握籌碼峰的「支撐」與「壓力」作用

籌碼峰是籌碼密集的區域，也是市場的成本區域。通常，這樣的成本區域對股價運行有明顯的影響。當股價運行在籌碼峰上方時，峰對股價回落發揮支撐作用；當股價運行在籌碼峰下方時，峰對股價反彈發揮壓力作用。

利用籌碼形態展開實戰的過程中，一定要理解籌碼峰的支撐與壓力作用。本節會先講解技術分析領域中的重點——支撐線與壓力線，隨後再講解籌碼峰的支撐與壓力作用，最後將兩者結合，力求準確掌握股價運行中，真正具有支撐或壓力作用的位置。

3.2.1 畫出支撐線，掌握逢低分批買進的時機

支撐線也稱作上升趨勢線，其主要功能在於指出上升趨勢中個股的運行方式，此時支撐線在個股走勢的下方。

支撐線的畫法是：**將震盪上升過程中兩個或多個相鄰，且較明顯的回檔低點連接起來，即可得到支撐線。**支撐線可以直觀、清晰地展現上升途中的支撐位，是識別上升趨勢並把握上升途中逢低買進時機的重要工具。圖3-11是福建高速2018年10月至2020年2月的走勢圖。如圖中標注所示，將上升途中回檔後的低點連接起來，可以得到該股的支撐線。

畫出支撐線之後，個股的運行軌跡變得更加清晰、有規律。每當股價因為獲利的拋售而出現回落時，可看到股價在支撐線的位置獲得有力支撐。

在實際操作中，**可以利用支撐線，進一步得出該股在上升途中的支撐位變化，把握階段性逢低買進時機**，即在一波回檔走勢後，個股跌至支撐線附近時，通常是較好的短線逢低買進時機。

圖3-11　福建高速2018年10月至2020年2月的走勢圖

一般來說，支撐線連接的低點越多，支撐線越可靠，實戰性也就越好，而連接低點較少（例如連接兩個低點）的支撐線，雖然也能大致指示趨勢的運行情況，但準確性和實戰性會大打折扣。

3.2.2 畫出壓力線，看出下跌趨勢的運行方式

壓力線也稱作下降趨勢線，其主要功能在於指出下跌趨勢中，個股的運行方式，此時壓力線在個股走勢的上方。

將震盪下跌過程中兩個或多個相鄰，且較明顯的反彈高點連接起來，即可得到壓力線。壓力線可以直觀、清晰地展現出下跌途中的壓力位，是投資者識別下跌趨勢，並把握下跌途中逢高賣出時機的重要工具。

圖3-12是中直股份2019年8月至11月的走勢圖。畫出壓力線之後，隨後的分析變得容易許多。一旦個股短線加速下跌且遠離壓力線時，由於有反彈動力，可以適當買進，而一旦股價反彈至壓力線附近時，就應及時賣出。

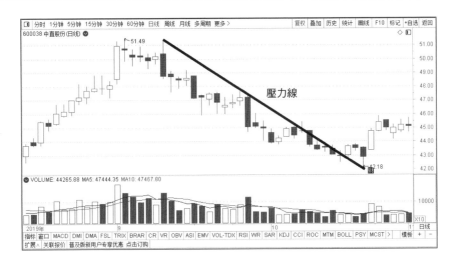

3.2.3 支撐線與壓力線的相互轉變，圖解給你看

　　支撐線的作用在於顯示價格波動過程中的支撐位，壓力線的作用則在於顯示價格波動過程中的壓力部位。邏輯學中的辯證觀點告訴我們，正反並非永遠對立，它們可以相互轉化。同理，支撐線與壓力線也可以相互轉化。

　　在股價的上升過程中，隨著市場賣壓不斷增強，當支撐線被跌破時，原有的支撐位往往會變成反轉下跌行情中的壓力位；在股價的下跌過程中，隨著市場買盤力量不斷增強，當壓力線被突破時，原有的壓力位往往會變成反轉上漲行情中的支撐位。

　　下頁圖3-13、圖3-14展現支撐線與壓力線相互轉化的過程。接下來以圖3-13為例做說明：

　　1. 最初，個股處於震盪上漲的過程中，線1是支撐線，對股價上漲發揮支撐作用。

　　2. 隨後由於賣壓加重，線1被跌破，這是原有行情反轉的訊號，此時線1對隨後的反彈發揮壓力作用。

　　3. 此時，將個股的起漲點與跌破線1後的回落低點相連，得到一條更平緩的支撐線，它對隨後的震盪上漲發揮支撐作用，這就是線2。

4. 最後，當線2被跌破時，它對隨後的再度反彈發揮壓力作用。依此類推，我們可以畫出更平緩的線3。

| 圖3-13 | 支撐線轉化為壓力線的過程圖 |

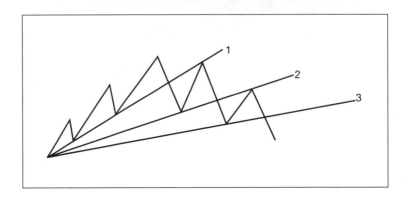

| 圖3-14 | 壓力線轉化為支撐線的過程圖 |

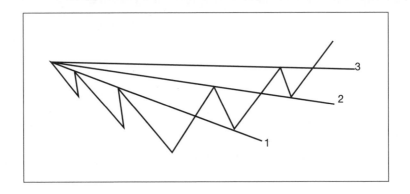

🌱 3.2.4 下峰對股價的回落，有支撐作用

當股價在籌碼峰上方運行時，籌碼峰被稱為下峰，下峰對股價的回落有支撐作用。一般來說，下峰處匯聚的籌碼數量越多，下峰的支撐作用越強；

圖3-15　　保利地產2019年12月3日的籌碼分布圖

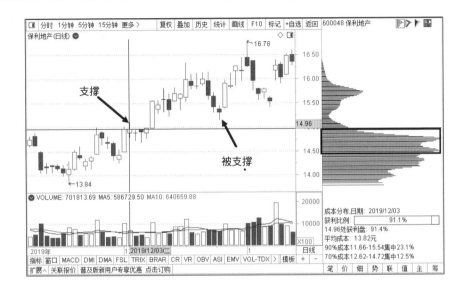

如果下峰呈現單峰密集形態，此峰具有最強的支撐作用，特別是股價處於中長期低位區時。

圖3-15是保利地產2019年12月3日的籌碼分布圖。個股在低位區出現長期橫向整理走勢，但期間股價重心穩步上移。在2019年12月3日，籌碼分布圖中呈現明顯的單峰密集形態，隨後股價在籌碼峰上運行，此時籌碼峰具有很強的支撐作用。

在圖中標注處，一波回檔使股價回落至下峰附近，此時是極好的中短線買進時機。

值得注意的是，很多個股都是先在籌碼峰上緩慢運行，這是主力進一步進貨、增強能力的過程。隨後，當主力能力較強且同期大盤走勢較穩健時，個股隨時會以這個籌碼峰為踏板向上突破。因此，對於有題材且股本較小的個股來說，股價回落至下峰附近時，很可能是短線的起漲點。在實際操作中應注意這一點，以把握短線買進時機。

圖3-16	中國聯通2019年10月18日的籌碼分布圖

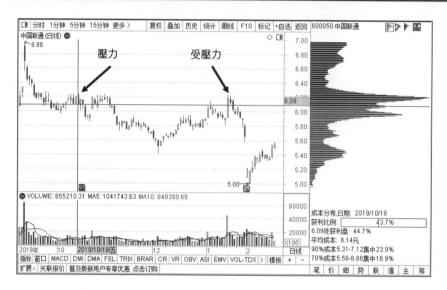

3.2.5 上峰對股價的反彈，有壓力作用

當股價在籌碼峰下方運行時，籌碼峰被稱為上峰，上峰對股價的反彈有壓力作用。一般來說，上峰處匯聚的籌碼數量越多，上峰的壓力作用越強；如果上峰呈現單峰密集形態，此上峰具有最強的壓力作用，特別是當股價處於中長期高位區時。

圖3-16是中國聯通2019年10月18日的籌碼分布圖。個股在高位區構築密集峰。隨後，股價跌破籌碼峰，個股運行於籌碼峰下方，則該籌碼峰為上峰，有較強的壓力作用。

從隨後的走勢可以看出，當個股反彈至上峰附近時，由於強壓力作用，個股隨後再度破位下跌。在實際操作中，上峰通常是反彈高點，也是中短線賣股離場的位置。

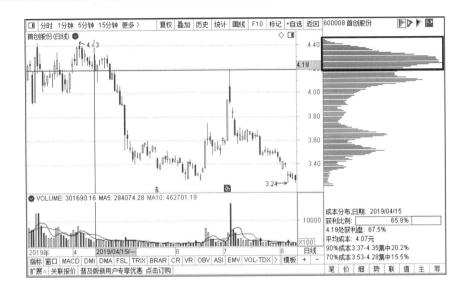

圖3-17　首創股份2019年4月15日的籌碼分布圖

3.2.6 關注歷史走勢，小心套牢峰的強壓力

　　除了關注個股近期運行中的籌碼形態之外，還要關注其歷史走勢特徵。舉例來說，在前期盤整區間被完全跌破之後，會形成一個套牢峰，雖然在個股後期長時間的運行中，籌碼分布圖上已看不到這個套牢峰的蹤跡，但畢竟**籌碼分布圖不是真實的市場持股成本分布情況，投資者仍需要關注歷史走勢特徵**。而且，投資者被套牢後往往不願離場，而是耐心等待解套，這是許多人由短線交易者變成股東的原因。

　　當股價由前期跌勢轉而向上，並接近前期套牢峰時，大量解套盤的存在及中短線獲利的雙重賣壓，使這個位置產生強壓力作用。許多個股上漲到此處後，股價都會出現大幅度回檔，展現出套牢峰的強壓力作用。

　　圖3-17是首創股份2019年4月15日的籌碼分布圖。如圖中標注所示，當日籌碼呈現密集峰形態，隨後密集峰被完全跌破，幸運的是，股價能夠再度反轉上漲。但是，當股價反轉上漲至套牢峰時，可以看到大量解套盤湧出，使個股出現大幅下跌。

圖3-18　　上海機場2018年11月5日的籌碼分布圖

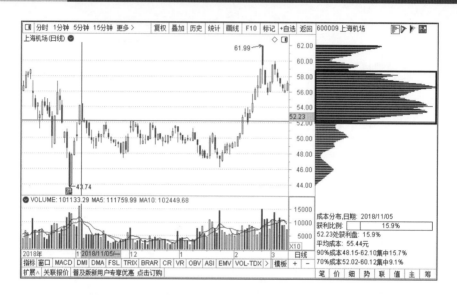

3.2.7 用實例說明，上峰的突破與下峰的跌破

　　和支撐線與壓力線的相互轉化類似，當籌碼的下峰被有效跌破時，會對隨後的反彈發揮壓力作用；當籌碼的上峰被有效突破時，會對隨後的回檔發揮支撐作用。以下結合實例說明：

　　圖3-18是上海機場2018年11月5日的籌碼分布圖。從圖中可以看到，在這個交易日之後，股價在籌碼峰的下方運行，此時籌碼峰是具有壓力作用的上峰。隨後個股向上穿越上峰，意味著原有的壓力作用已消失，反而會對隨後的回檔引發支撐作用。

　　從個股的實際運行情況來看，當上峰被有效突破時，此時如果股價位於中低位，很可能是展開一波漲勢的訊號。

　　圖3-19是包鋼股份2019年6月26日的籌碼分布圖。如圖所示，股價之前大多於籌碼峰上震盪運行，因此這是籌碼的下峰，具有支撐作用。隨後幾日，連續幾根陰線使股價跌破下峰，是將展開一輪跌勢的訊號。

　　對該股來說，由於同期大盤走勢較差，因此個股在跌破下峰之後沒有反彈到籌碼峰附近。在實戰中，這提醒投資者在判斷逢高賣出的點位時，不能

圖3-19　包鋼股份2019年6月26日的籌碼分布圖

主觀認為一定會出現反彈走勢，有時應該在第一時間賣出，以降低虧損，而不是被動等待反彈。

3.2.8 籌碼峰與支撐線的交會，是中短線的買進點

籌碼峰若能與支撐線相交，這個交點的支撐作用會很強。一般來說，只要大盤不出現系統性暴跌，這樣的位置點會對個股後期的上漲有極強的支撐和啟動作用。在實際操作中，此點是較理想的中短線買進點。

圖3-20是三一重工2019年10月31日的籌碼分布圖，圖中標注兩個位置點。在位置點1處，雖然可以透過連接兩個相鄰低點，畫出一條支撐線，但此位置點並未與之前籌碼峰的位置互相重合，所以此時個股的短線回檔不充分，獲利盤賣壓仍較大。

在位置點2處，此時個股的短線回檔較充分，連接兩個低點便可以畫出一條支撐線，且這個位置點正好與前期籌碼峰的位置重合，此線是中短線走勢中支撐作用最強的支撐線，此時是買進的好時機。

圖3-20　　三一重工2019年10月31日的籌碼分布圖

3.3

「單峰密集」形態最常見，對實戰極為重要

　　籌碼分布形態主要分為兩大類，一類是密集形態，另一類是發散形態。密集形態又可細分為單峰密集形態、雙峰密集形態、多峰密集形態，其中單峰密集形態最常見，實戰意義也較突出，理解單峰密集形態的基本市場含義，對於後續的實戰操作極為重要。

　　當單峰密集形態出現在下跌趨勢末期的底部區時，主力多為買方，而普通投資者多為賣方，這種底部區的單峰密集形態，是個股後期上漲的標誌。當單峰密集形態出現在上升趨勢末期的頭部區時，主力多為賣方，而普通投資者多為買方，這種頭部區的單峰密集形態，是個股後期下跌的標誌。

　　本節結合個股的運行特徵，看看常見的單峰密集形態。

🌱 3.3.1 單峰密集：籌碼匯集在 1 個狹小價格區間

　　單峰密集形態是指，個股的大多數流通籌碼密集分布在一個狹小的價格區間內。通常，在這個狹小的價格區間內，至少存在70%的流通籌碼。結合價格走勢來看，單峰密集可以分為高位單峰密集、低位單峰密集、整理區單峰密集。

　　單峰密集的出現源於橫向震盪走勢，而且這種橫向震盪走勢的持續時間較長。籌碼換手越充分，其他價格區間的籌碼向單峰密集的價格區間轉移也就越充分。圖3-21是二六三2020年2月3日的籌碼分布圖。對該股來說，所有流通籌碼幾乎都堆積在狹小的價格區間內，形成單峰密集形態。

　　單峰密集形態的基本市場含義是：投資者的持股成本都較接近，獲利和套牢盤明顯不多。一般來說，單峰密集形態預示多方力量或空方力量聚集。

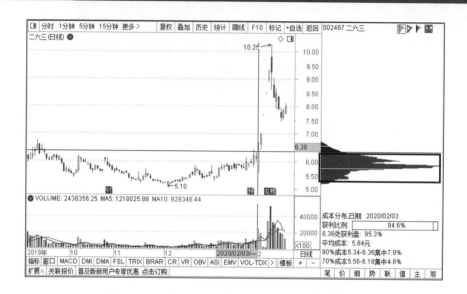

圖3-21　二六三2020年2月3日的籌碼分布圖

在實際操作中,投資者要結合個股的趨勢運行情況做具體分析。

　　單峰密集形態是多空雙方博弈的結果。由圖3-21可知,這是相對低位區的單峰密集形態,但**低位區的單峰密集形態不一定預示底部的確立,也不是價格不會再探新低的標誌**。實際操作中既要結合大盤走勢,也要搭配個股的運行情況做具體分析。該例的單峰密集形態位置較低,且同期大盤走勢穩定向上,所以此時可以短線買股參與。

3.3.2 低位區單峰形態,是中長線的進場訊號

　　趨勢的運行過程是以牛熊交替的方式不斷循環。上升行情與下跌行情之間,是持續時間或長或短的橫向震盪走勢。

　　當股價由高位區反覆下跌到達中長期低位區時,由於市場低迷,往往很難快速出現反轉行情。這時便會出現持續時間相對較長的橫向震盪走勢,使絕大多數流通籌碼在中長期低位區實現換手,籌碼分布圖上也會隨之出現低位區的單峰密集形態。

　　當低位區的單峰難以被有效跌破且有主力參與時,會形成低位區的單峰

圖3-22　雙塔食品2019年6月5日的籌碼分布圖

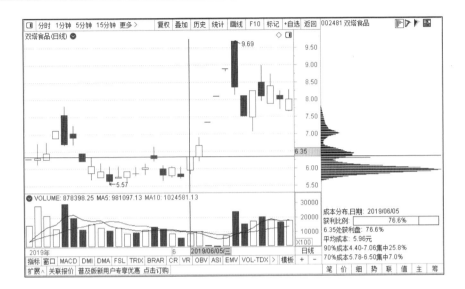

密集形態。主力一旦在此區間充分進貨，就會借助大盤的站穩走勢拉升個股，因此低位區的單峰密集形態經常是開始一輪上升行情的標誌，且此時也是中長線買股布局的時機。但是，低位區的震盪時間通常較長，因此尋找短線買進時機時，要知道低位區的單峰密集形態是中長線進場訊號。

　　圖3-22是雙塔食品2019年6月5日的籌碼分布圖。該股自低位區開始緩慢攀升，由於上升幅度小、持續時間長，形成低位區單峰密集形態。結合個股的運行特徵來看，多方力量一直占據主導地位，買盤承接力道較強，表示此低位區的單峰是階段性底部單峰，預示隨後的行情將以此為啟動平台。在實際操作中，此時投資者可以買股布局。

🌱 3.3.3 低位區單峰跌破時，不值得短線買進

　　低位區的單峰密集形態不一定預示出現底部。有時主力並未在低位區進場買股，僅依靠籌碼形態無法判斷主力是否進場，因此投資者布局時應分批、逐步加碼買進。

　　從中短線角度來看，當低位區的單峰被跌破時，大多預示主力沒有參與

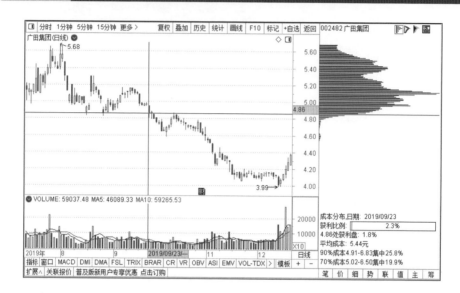

圖3-23 廣田集團2019年9月23日的籌碼分布圖

個股。在實際操作中，這類個股不值得短線買進。籌碼密集峰被跌破之後，個股隨後的走勢軟弱無力，我們將此類形態總結為低峰破位，行情看淡。

圖3-23是廣田集團2019年9月23日的籌碼分布圖。個股以大陰線跌破籌碼密集區且隨後反彈無力的走勢，是低峰破位、行情看淡形態的具體表現。在實際操作中，若個股價值被低估，只適合中長線布局，不宜短線買進。

3.3.4 單峰會持續或是已結束，可觀察2個重點

在上升或下跌行情中，個股大多會在途中出現橫向震盪走勢，若籌碼換手較充分，會形成不改變趨勢運行狀態的中繼單峰。那麼，上升途中的高位區單峰，究竟是上升中繼單峰還是頭部單峰？下跌途中的低位區單峰，究竟是下跌中繼單峰還是底部單峰？我們可以從以下2點掌握：

1. 股價重心的移動方向

在中繼單峰的構築過程中，股價重心的移動方向與原趨勢一致，而在預示趨勢反轉的底部單峰或頭部單峰的構築過程中，股價重心的移動方向則與

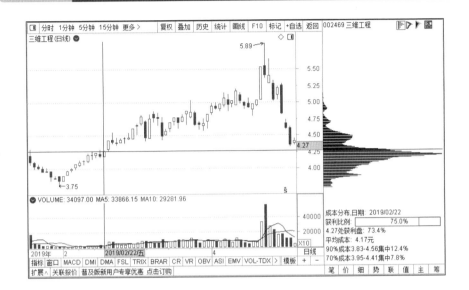

| 圖3-24 | 三維工程2019年2月22日的籌碼分布圖 |

原趨勢相反。

　　舉例來說，上升途中，在上升中繼單峰的構築過程中，投資者會發現股價重心小幅度地緩緩上移，而且很少出現股價重心緩慢下移的上升中繼單峰，所以此時高位區單峰是上升中繼單峰。隨後股價繼續上漲，個股再度橫向震盪，若發現在震盪過程中，股價重心緩緩下移或震盪幅度增大，此時高位區單峰就是預示頭部出現的頭部單峰。

2. 橫向震盪走勢的距離

　　出現在行情剛確立時的橫向震盪走勢，成為中繼單峰的機率很大；離行情啟動點較遠的橫向震盪走勢，容易成為預示趨勢反轉的頭部單峰或底部單峰。圖3-24是三維工程2019年2月22日的籌碼分布圖。在剛脫離底部後，個股緩慢上升且出現橫向震盪走勢，發展成單峰密集形態。結合個股走勢的特點及此單峰所在位置點，可以判斷這是一個上升中繼單峰。在實際操作中，中長線投資者仍可以耐心持股。

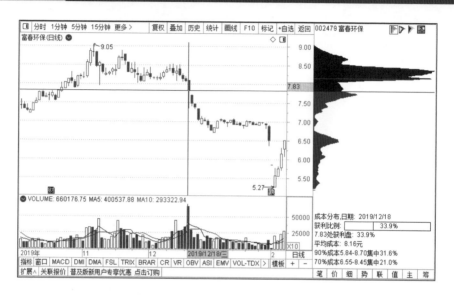

圖3-25　富春環保2019年12月18日的籌碼分布圖

3.3.5 高位區單峰是否變為頭部單峰，關鍵是……

　　當股價從低位區經長期震盪上揚，到達中長期的高點時，由於市場買盤力道漸弱、獲利賣壓加重，反轉行情隨時可能出現。然而，高位區又是多空分歧加劇的區域，籌碼換手速度相對較快，一旦大多數籌碼因為高位震盪走勢而實現換手，且沒有新主力進場承接，高位區單峰就會變為頭部單峰，個股隨後會因為賣盤大量湧出而破位下跌。

　　圖3-25是富春環保2019年12月18日的籌碼分布圖。個股在大漲之後的高位平台區橫向震盪，震盪之後量能開始不斷萎縮，這是市場交易清淡的標誌，也是買盤力道不足的訊號。

　　由於個股累計漲幅較大且遠大於同期大盤，因此投資者應留意出現頭部。一旦出現大陰線破位徵兆，要及時賣股離場。從個股隨後的走勢來看，這正是一個頭部區域，因此2019年12月18日的高位單峰密集形態，也預告趨勢反轉的頭部單峰密集形態。

3.4 「雙峰密集」形態常在上漲、下跌途中出現

雙峰密集和多峰密集是單峰密集的變形，是指個股的絕大多數流通籌碼，都密集分布在兩個或多個相對狹小的價格區間內。

雙峰密集與多峰密集形態，常出現在個股上漲途中或下跌途中，結合個股走勢特徵來看，雙峰密集或多峰密集形態中的每個密集峰，同樣對股價走勢有支撐或壓力作用。

本節結合個股的運行特徵，觀察雙峰密集的市場含義與相關實戰方法，需要說明的是，多峰密集形態結合發散和密集兩種形態，因此在3.5.3節中介紹多峰密集形態。

3.4.1 雙峰密集：籌碼匯集在 2 個狹小價格區間

雙峰密集是指，個股的大多數流通籌碼密集分布在兩個相對狹小的價格區間內。根據股價的運行方向，投資者把個股在上漲途中出現的雙峰密集形態，稱為上漲雙峰。

此時，上密集峰的出現源於低位區獲利籌碼的拋售，其籌碼來自下密集峰。同理，投資者將個股在下跌途中出現的雙峰密集形態，稱為下跌雙峰，此時下密集峰的籌碼是由上密集峰轉移而來。

圖3-26是鼎龍文化2019年12月30日的籌碼分布圖。個股首先因為橫向震盪走勢，形成一個密集峰，大多數籌碼匯聚於此。隨後個股破位下跌，在一個更低的位置區橫向震盪，使上密集峰的一部分籌碼匯聚在新的低位區，最終形成下跌途中的雙峰密集形態。

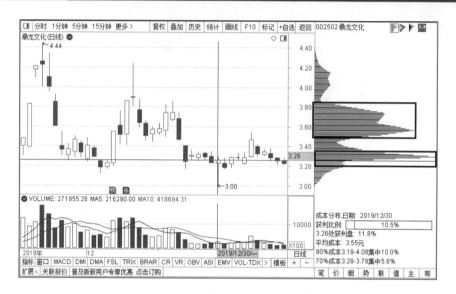

圖3-26　鼎龍文化2019年12月30日的籌碼分布圖

🌱 3.4.2 看雙峰的籌碼匯聚度，判斷股價走勢

在雙峰密集形態中，震盪走勢持續時間不同、換手程度不同，會造成上峰與下峰的籌碼數量不相等。在判斷其市場含義時，既要關注個股之前的走勢特徵，也要關注上峰與下峰的籌碼數量對比情況。

在實際操作中，關注上峰與下峰的籌碼匯聚度，能準確判斷股價的運行方向，具體內容如下：

1. 在震盪下跌走勢中，若下峰的籌碼數量較多，則它的支撐作用較強，容易引發強勢反彈行情。

2. 在震盪下跌走勢中，若上峰的籌碼數量較多，此時不宜過早短線進場，因為個股容易破位下跌。

3. 在震盪上漲走勢中，若上峰的籌碼數量較多，則它的壓力作用較強，個股在此位置很可能出現震盪走勢。

4. 在震盪上漲走勢中，若下峰的籌碼數量較多，則上峰較容易被突破，中長線投資者仍可以持股待漲。

| 圖3-27 | 涪陵榨菜2019年8月15日的籌碼分布圖 |

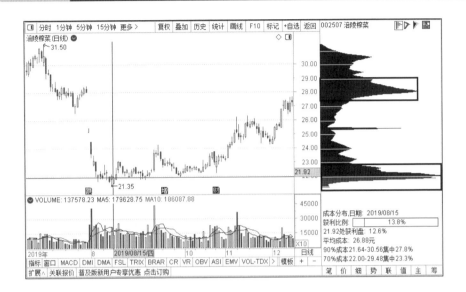

圖3-27是涪陵榨菜2019年8月15日的籌碼分布圖。在低位區，個股出現雙峰密集形態。如圖中標注所示，此時下峰的籌碼數量遠多於上峰，代表下峰有著強支撐作用，而上峰的壓力作用較弱，所以個股更容易以下峰為支撐平台，出現反彈走勢。在實際操作中，此時可以中短線進場買股。

3.4.3 上漲雙峰出現，適合逢高賣出、逢低買進

上升途中的橫向震盪走勢會形成一個密集峰，這個密集峰與前期低位震盪區的籌碼峰，共同形成一個上漲雙峰。

出現上漲雙峰時，上面的密集峰對個股突破上漲有強力壓力作用，下面的密集峰對個股破位下跌有強力支撐作用。此時，若主力參與能力不強、拉升目標較低，那麼個股出現回檔填谷走勢的機率較大。

出現上漲雙峰時，投資者適合高賣低買。**當股價運行到上峰附近時，應獲利拋售；當股價回落到下峰附近時，應短線買進。**根據這種形態短線買股時，雙峰的間距應較大，下峰才能有較強的支撐作用，投資者也才能擁有更充分的短線獲利空間。

圖3-28 金字火腿2019年12月13日的籌碼分布圖

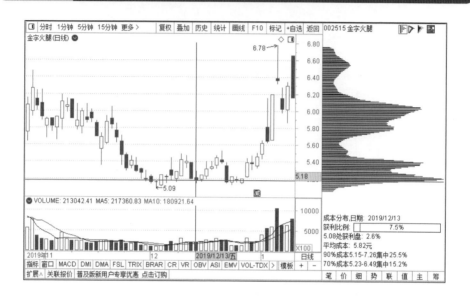

圖3-28是金字火腿2019年12月13日的籌碼分布圖。此時個股呈現上漲雙峰形態，上峰與下峰的間距較大，個股容易出現回檔填谷走勢。

在操作上，投資者識別出這種上漲雙峰形態時，應短線賣出以規避回落風險。由於谷的深度較大，因此個股短線回落的幅度也會較大，隨後可以再度短線買回。

當個股出現回檔填谷走勢時，若同期大盤出現暴跌，個股回檔的幅度往往較大，導致跌破下峰。因此在實戰中，**只有在大盤走勢相對平穩，且暫無系統性暴跌風險的前提下，投資者才適合依據「上漲雙峰，回檔填谷」的形態展開高賣低買操作。**

圖3-29是天順風能2019年8月6日的籌碼分布圖。在上升過程中，籌碼在高位盤整區換手不充分，進而與低位區的密集峰共同形成雙峰形態。隨後股價破位下跌，但同期的大盤也出現暴跌，這就是系統性風險引發的填谷走勢，此時下峰的支撐作用變弱。因此，當股價回落至下峰附近時，應耐心等待走勢站穩，不宜過早抄底進場。

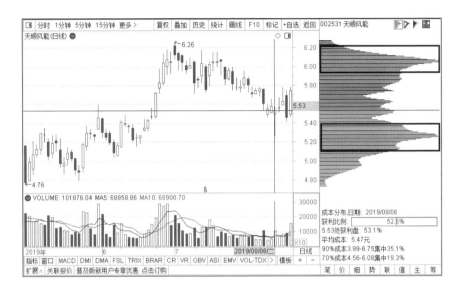

圖3-29　天順風能2019年8月6日的籌碼分布圖

3.4.4 下跌雙峰出現，要以短線交易為主

下跌途中的橫向震盪走勢會形成一個密集峰，這個密集峰會與前期高位震盪區的籌碼峰，共同形成一個下跌雙峰。

出現下跌雙峰時，下方的密集峰對個股破位下跌有強力支撐作用，上方的密集峰對個股反彈上漲有強力壓力作用。此時，個股容易出現反彈填谷的走勢。

出現下跌雙峰時，投資者也是以短線高賣低買為主。**當股價運行到下峰附近時，應短線買進；當股價反彈到上峰附近時，應短線賣出。**根據這種形態短線買股時，雙峰的間距應較大。

圖3-30是林州重機2019年12月3日的籌碼分布圖。當日籌碼呈現下跌雙峰形態。從中長線角度來看，個股處於低位區；從上峰與下峰的間距來看，個股存在充分的反彈空間。

在操作上，投資者可以在下峰附近買股布局，但當個股真正開始反轉上漲時，不宜過度樂觀，應在上峰附近逐步減碼賣出以鎖定獲利。

圖3-30 　林州重機2019年12月3日的籌碼分布圖

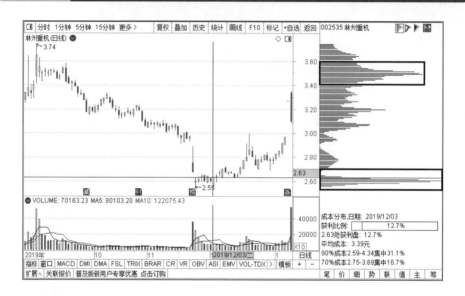

3.5

根據股價趨勢，「發散形態」分為向上與向下

籌碼分布的另一種典型形態是發散形態。密集形態是籌碼集中於相對狹小的價格區間內的形態，發散形態則是籌碼分布在相對廣闊的價格區間內的形態。發散形態是一種過渡狀態，即形成新的密集峰時，發散形態將隨著籌碼密集程度的增大而消失。

3.5.1 發散形態：籌碼分布在相對廣闊的價格區間

圖3-31是惠博普2020年2月18日的籌碼分布圖。這是典型的籌碼發散形態，所有流通籌碼散亂地分布在廣闊的價格區間內。由於個股下跌，籌碼不斷由高位區換手至低位區，導致籌碼分布散亂，進而形成發散形態。

3.5.2 向上與向下的發散形態，各有什麼市場含義？

形成發散形態的原因是：股價快速上漲或下跌的過程中，由於股價沒有長時間停留在某價位，因此沒有在各個價位上充分換手，使籌碼在每一個價位均有分布。

依據股價的運行方向，可以將發散形態分為「向上發散形態」與「向下發散形態」。出現向上發散形態，表示個股正穩定而持續地上漲，由於期間未做明顯的整理，累積較大的獲利賣壓，個股需要橫向整理，甚至回檔整理。出現向下發散形態時，表示個股面臨一波持久且幅度較大的下跌，不斷向下探底。隨著抄底買盤不斷進入，賣壓逐步減輕，有望觸發反彈走勢。

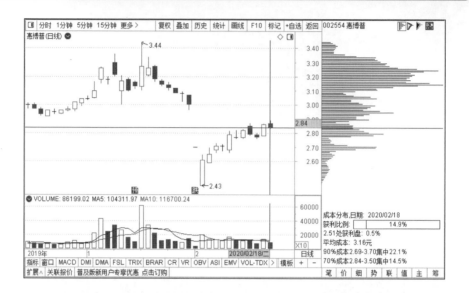

圖3-31　惠博普2020年2月18日的籌碼分布圖

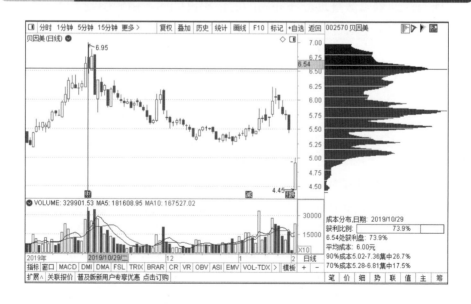

圖3-32　貝因美2019年10月29日的籌碼分布圖

圖3-33　好想你2020年2月4日的籌碼分布圖

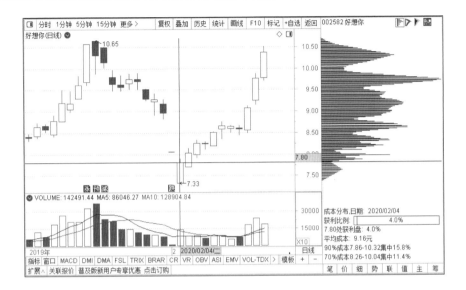

　　圖3-32是貝因美2019年10月29日的籌碼分布圖。隨著股價不斷上漲，此時籌碼已呈現發散形態，是趨勢上漲、持續力道強的訊號。

　　從成交量來看，2019年10月29日前後的幾個交易日已大幅放出成交量，這是買盤加速進場的訊號，也是多方力量過度消耗的訊號。出現向上發散形態後，個股大幅回落的機率較大，因此實際操作中應減碼或出清持股觀望，以迴避風險。

　　圖3-33是好想你2020年2月4日的籌碼分布圖。籌碼因為個股持續下跌，而形成向下發散形態。籌碼一般會由發散形態逐步轉變為密集形態。當個股在低位區站穩，且籌碼也在此區開始匯聚時，可以在震盪中逢低買進，積極布局。

🌱 3.5.3 「多峰密集形態」結合發散與密集 2 種特色

　　多峰密集形態結合發散與密集兩種形態。從整體形態來看，籌碼分布在一個相對廣闊的價格區間內；從局部形態來看，籌碼匯聚度較高且呈現密集狀。

圖3-34　龍蟒佰利2019年11月4日的籌碼分布圖

　　一般來說，出現多峰密集形態，同樣源於趨勢沿某方向持續發展。個股出現多峰密集形態時，投資者需要關注每一個峰的支撐與壓力作用，並注意同個密集峰在支撐與壓力作用之間的相互轉化。以下搭配實例加以說明。

　　圖3-34是龍蟒佰利2019年11月4日的籌碼分布圖。此時籌碼呈現多峰密集形態，且個股處於上漲行情中。隨後個股出現回檔走勢1（如圖中標注所示），由於股價在中間的密集峰上方運行，因此密集峰對股價具有支撐作用。在實戰中，可以利用中間密集峰的支撐作用，進行短線買股操作。

　　此後，個股再度上漲，股價突破最上方的密集峰。在這種情形下，當個股出現回檔走勢2時，最上方的密集峰會對股價形成支撐作用。不過，一旦股價跌破最上方的密集峰，則表示此密集峰的支撐作用將大幅減弱，也表示個股隨後將進一步下跌。此時，投資者應逢反彈及時減碼，以規避風險。

第4章

利用主力K線，
看準趨勢做波段賺價差

4.1

想了解籌碼形態變化，
必須知道股市趨勢

籌碼的轉移隨著交易的進行持續推進。在短時間內，投資者很難看到較大的籌碼形態變化，但從更廣的視角審視，會發現籌碼的運行似乎存在一定的規律，這個規律就是趨勢。想要深入理解籌碼形態的變化，首先要理解股市中的運行規律。

4.1.1 什麼是「順勢交易」？

在股市中，我們常聽到「永遠順著趨勢交易」、「絕不可逆勢而為」等說法。這裡說的「勢」，即趨勢。趨勢不僅是理解籌碼形態的關鍵，也是整座技術分析大樓的根基。

那麼，什麼是趨勢？其實，趨勢的意思是事物發展的動向。當人們用趨勢表示一個事物的狀態時，目的是使模糊、不夠明確的運行方向變得明確。可以說，趨勢是事物明確、可預見的發展方向，它描述的是線性規律。研究趨勢是指從一系列連續發生的事件中，歸納出線性的發展方向；預測趨勢是指分析未來的某段時間內，某個趨勢將發生什麼樣的方向性變化。

趨勢是股市的內在規律，若不了解趨勢的運行規律、無法掌握運行情況，便難以在股市中獲利。道氏理論中有許多關於趨勢的系統性論述，因此本節結合道氏理論，解釋什麼是股市中的趨勢。

4.1.2 運用道氏理論，判斷股市運行的基本趨勢

股市中的趨勢運行規律，是人們總結股票市場中的客觀規律。在早期的

股市中，人們普遍認為個股的走勢具有獨立性，與股市無關，但在設立道瓊指數之後，這項觀念開始發生轉變。

道瓊指數是選取最具代表性公司的股票，並採用算術平均法計算後編制而成，意在反映股市的整體運行情況。基於對道瓊指數的研究，查爾斯・亨利・道（Charles Henry Dow）發表一系列論述股市趨勢運行規律的文章，但沒有對其做出有系統的總結。

1902年，查爾斯去世之後，威廉・彼得・漢密爾頓（William Peter Hamilton）和羅伯特・雷亞（Robert Rhea）繼承他的思想，並系統化論述股市中的趨勢運行規律。漢密爾頓的著作《股市晴雨錶》及雷亞的著作《道氏理論》，成為後人用來研究道氏理論的經典作品。

4.1.3 股價走勢分為 3 種類型，圖解給你看

在道氏理論中，趨勢是一個專有名詞，也被稱為主要趨勢、基本趨勢，它是股價運行的大方向，通常持續1年或1年以上，並能導致股票增值或貶值20％以上。根據基本趨勢的發展方向，可以將其具體劃分為**上升趨勢、下跌趨勢、橫盤震盪趨勢**。根據股市運動的級別，可以將價格走勢劃分為**基本趨勢、折返走勢、短期波動**。

基本趨勢是價格運行的大方向，貫穿價格運行的全部過程，包括所有折返走勢與短期波動。折返走勢穿插在基本趨勢的運行過程中，與基本趨勢的運行方向相反，是用來調整與修正基本趨勢。折返走勢一般可持續幾日到幾週，對原有基本趨勢的修正幅度，一般為股價在一波上漲走勢中的1/3或2/3。

例如：上升趨勢中的回檔下跌走勢、下跌趨勢中的反彈上漲走勢，均屬於折返走勢。短期波動走勢反映價格在短時間內（比方說幾個交易日）的波動情況，常常由一些偶然因素決定。對於基本趨勢、折返走勢、短期波動這三種不同的運動狀態，可以借助圖4-1來理解。

在圖4-1中，基本趨勢的運行方向往上，是上升趨勢，它包括從1至6的整個運行過程；折返走勢為上升趨勢中的回檔走勢，包括從2至3、從4至5這兩個運行過程；短期波動是指從A至B這樣的小波動。

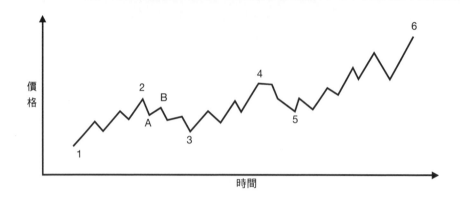

圖4-1 基本趨勢、折返走勢、短期波動示意圖

🌱 4.1.4 比較上升趨勢與下跌趨勢，了解股市特點

上升趨勢是指股價向上運行的趨勢，它在走勢圖中的表現為：後期出現的波峰及波谷，要分別高於前期出現的波峰及波谷。當然這並非絕對，只要股價整體向上，就可以將其稱為上升趨勢。

下跌趨勢正好相反，是指價格向下運行的趨勢。在下跌趨勢中，價格的運行軌跡通常呈現「後一個下跌谷低於前一個下跌谷、後一個反彈峰低於前一個反彈峰」這個特點。

圖4-2是龍蟒佰利2018年12月至2019年11月的走勢圖。該股在將近一年半的時間裡，出現大規模的上升和下跌趨勢，是股市按照週期運行的典型案例。在這種趨勢中，投資者可以更好理解股市幅度大、週期長的特點。這也提醒我們，若不能好好掌握趨勢運行的情況，那麼參與股市的風險極大。

🌱 4.1.5 上升與下跌趨勢，各別劃分為 3 階段

上升趨勢和下跌趨勢都有一個循序漸進的運行過程。為了方便投資者掌握這兩種趨勢，道氏理論將它們各劃分為3個階段，這種劃分法有助於投資者理解市場中的趨勢運行過程。

上升趨勢可以劃分為築底階段（多方力量累積階段）、上升階段（多方

| 圖4-2 | 龍蟒佰利2018年12月至2019年11月的走勢圖 |

力量占據主導地位階段）、再度拉開階段（多方力量釋放階段）。下跌趨勢也可以劃分為築頂階段（空方力量累積階段）、下降階段（空方力量占據主導地位階段）、探底階段（空方力量釋放階段）。

　　每個階段的持續時間不定，主要取決於宏觀經濟環境、股市運行特徵、政策引導、市場情緒等多種因素。一般來說，走勢緩和的趨勢，其持續時間較長，而走勢陡峭的趨勢則通常時間較短。

　　在上升趨勢中，投資者最需要關注上升階段，一旦發現多方力量開始占據主導地位，可以及時布局。**在趨勢未出現明顯的反轉之前，都應該耐心持股，等待上漲。**同理，在下跌趨勢中要關注下降階段，這是資金快速蒸發的階段。若市場走勢未出現見底跡象，則不宜過早進場，否則可能陷入「逢低買在半山腰」的窘境。

4.1.6 透過成交量變化，驗證當前趨勢的可靠性

　　道氏理論特別關注成交量，而成交量也是技術分析的重點之一。在學習籌碼分布時，同樣需要結合成交量做分析。

　　成交量對趨勢具有驗證作用，是指在結合當前趨勢運行方向的情況下，

投資者可以藉由成交量的變化，檢驗當前趨勢的可靠性。例如：在上升趨勢中，價格節節攀升，如果成交量也不斷放大，說明買盤充足且源源不斷地湧入股市，漲勢將持續下去。

值得注意的是，道氏理論強調市場的整體趨勢，趨勢變化的結論性只能透過分析價格得出，而成交量只發揮輔助效果，用來驗證趨勢。

4.1.7 趨勢轉向時，會出現明確的反轉訊號

道氏理論告訴我們：「無論是基本上升趨勢還是基本下跌趨勢，一旦形成，就有極強的持續力，不會輕易轉向。而且當趨勢轉向時，往往會出現明確的反轉訊號。」這句話的意思是：**趨勢有著強大的慣性，對於已形成的趨勢來說，如果沒有強大的外力改變它，通常會繼續運行**。在趨勢的運行過程中，提前預測趨勢將在哪個位置出現反轉是不明智的，但一輪趨勢不可能一直持續下去，當漲幅過大時，就會反轉下跌，當跌幅過大時，就會反轉上漲，而趨勢轉向時，通常可以看到明確的反轉訊號。

這個原則也可以指導投資者，在進行實際操作時，不要主觀推斷漲勢的頭部與跌勢的底部，因為狂熱的市場情緒能將股市推向一個難以預測的高點，恐慌的市場情緒也使股市跌至一個深不可測的低點。

在開始一輪牛市後，許多投資者因為獲小利而提前賣股離場，總認為市場已到達頭部，很可能因此錯失後面的大好行情。然而，在熊市開始後，投資者又喜歡逢低進場。這樣的操作使投資者參與股市多年，只在牛市中賺到少許獲利，在熊市中卻遭受較嚴重的損失。

4.2

利用 K 線，
掌握個股趨勢運行的各種環節

掌握趨勢等於掌握價格運行的大方向。在上升趨勢中，即使買進的點位不是最低，也可以藉由持股待漲的方式獲利。在下跌趨勢中，唯有準確掌握反彈行情的高低點才能獲利。

對行為穩健的中長線投資者來說，準確判斷趨勢無疑是成功的關鍵。籌碼分布形態固然可以幫助我們判斷趨勢，但更經典的技術工具是K線形態。在實戰中，若能將K線形態與籌碼分布形態相互結合，那麼在分析、預測趨勢並展開操作的過程中，投資者將更為主動。

本節暫時拋開籌碼分布形態，單純從K線的角度，解說如何利用K線形態，掌握趨勢運行的各個環節。

4.2.1 頭肩底與頭肩頂，預示底部與頭部的出現

頭肩底與頭肩頂是兩種相反的形態，一個預示底部的出現，另一個預示頭部的出現。在預示底部與頭部的K線形態中，它們出現的頻率較高、可靠性也較強，是投資者應重點掌握的形態。

圖4-3是標準的頭肩底形態，形成過程如下：

1. 首先是個股快速下跌及小幅度反彈，形成左肩。

2. 由於空方力量仍占據主導地位，隨後的下跌讓股價再創新低，進而形成頭部。

3. 此時空方力量減弱，在抄底買盤進場的推動下，股價出現大幅反彈，預示多方力量持續增強，空方力量正在減弱。在前期左肩反彈處的高點，由於套牢盤較多且獲利盤賣壓增強，股價出現一波回落，進而形成右肩。

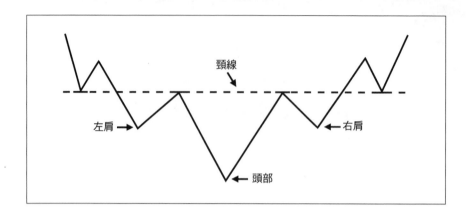

圖4-3　頭肩底形態示意圖

頸線

左肩

右肩

頭部

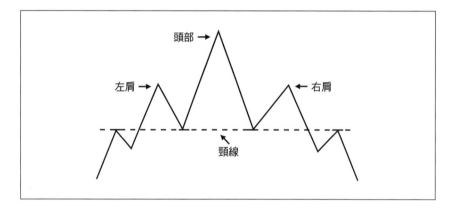

圖4-4　頭肩頂形態示意圖

頭部

左肩

右肩

頸線

　　4. 個股在經歷右肩的短暫休整後，累積更充足的力量，進而突破前期壓力並向上運行，構築整個頭肩底形態。

　　5. 將左肩反彈處的高點和頭部反彈處的高點連接起來，可以得到一條壓力線，它代表底部區的壓力位置點，我們稱為頸線。

　　形成頭肩底形態後，個股的上漲規律是：頸線以上的上漲幅度，至少是頭部低點到頸線垂直距離的1倍。

　　圖4-4是標準的頭肩頂形態，形成過程如下：

　　1. 首先是個股快速上漲及小幅回落，形成左肩。

圖4-5 中洲控股2019年4月至12月的走勢圖

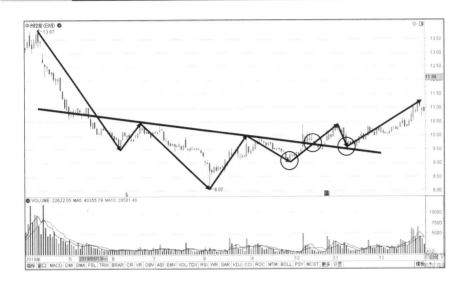

2. 由於多方力量仍占據主動地位，隨後的上漲讓股價再創新高，進而形成頭部。

3. 此時由於多方力量減弱，在獲利盤逐漸離場的情況下，股價出現大幅回落，預示空方力量持續增強，而多方力量正在減弱。在前期左肩回落處的低點，由於抄底買盤較多且獲利盤賣壓大幅減小，股價出現一波反彈，進而形成右肩。

4. 個股在經歷右肩的反彈後，由於反彈力道小，追漲買盤不足，湧現新一批賣壓，個股向下跌破前期支撐點，進而構築整個頭肩頂形態。

5. 將左肩回落處的低點和頭部回落處的低點連接起來，可以得到一條支撐線，它代表頭部區的支撐位置點，我們稱為頸線。

形成頭肩頂形態後，個股的下跌規律是：頸線以下的下跌幅度，至少是頭部高點到頸線垂直距離的1倍。

4.2.2 分析頭肩底的 3 個買點，以及頭肩頂的 3 個賣點

圖4-5是中洲控股2019年4月至12月的走勢圖。該股在大幅下跌後的低點

圖4-6 　康達爾2019年7月至2020年2月的走勢圖

出現頭肩底形態，預示將形成中期底部。出現這個形態時，有以下3個買點，在實戰中，投資者要結合市場的實際情況加以把握：

1. 第一個買點出現在右肩回檔處：此時個股前期累計跌幅較大，短期內又有明顯的站穩特徵，所以在右肩處發現空方力量不足時，可以買進操作。

2. 第二個買點出現在股價向上突破頸線時：由於買盤大力進場，個股向上突破頸線時較堅決。出現這種情形時，可以選擇在股價突破時進場。

3. 第三個買點出現在突破頸線後的回檔低點：由於前期套牢盤及短線獲利的雙重賣壓，個股突破頸線後大多會回檔整理，此時可逢回檔低點買進。

圖4-6是康達爾2019年7月至2020年2月的走勢圖。該股在大幅上漲後的高點出現頭肩頂形態，預示中期頭部的形成。基本上，它有以下3個賣點，實戰中要結合市場的實際情況加以把握：

1. 第一個賣點出現在右肩反彈處：此時，由於個股前期累計漲幅較大，短期內又有明顯的反彈無力特徵，所以在右肩處發現多方推升力量不足時，可以賣出操作。

2. 第二個賣點出現在股價向下跌破頸線時：由於賣盤持續湧出，股價向下快速跌破頸線。出現這種情形時，可以選擇在股價跌破頸線時賣出。

3. 第三個賣點出現在跌破頸線後的反彈高點處：個股跌破頸線之後大多會反彈，此時可以逢反彈高點賣出。

圖4-7　　申萬宏源2019年10月至2020年2月的走勢圖

4.2.3　V底、尖頂，在實戰中發出什麼訊號？

　　V底、尖頂出現在較極端的價格走勢中。一般來說，V底出現在低位區的一波快速下跌走勢後；尖頂也被稱為倒V頂，出現在高位區的一波快速衝高走勢之後。

　　在實際操作中，這兩種形態的反轉速度快、力道強，投資者需要借助其他盤面資訊提前判斷。由於完全形成V底之後，個股有較大的短線漲幅，此時追漲會較被動；同樣地，對尖頂來說，在完全形成之後，短線跌幅已較大，持股者的獲利將大打折扣。

　　圖4-7是申萬宏源2019年10月至2020年2月的走勢圖。如圖中標注所示，該股因為新型冠狀病毒疫情而出現大幅下跌，且中短線跌幅過大、跌速過快，進而形成V底。

　　V底形態在底部停留的時間較短，一般出現在股價短期內跌速過快、跌幅過大的情況下。若這個形態出現在個股累計跌幅較大的情況下，且反彈時伴隨成交量放大，大多意味著下跌趨勢結束，是真正預示底部形成的V底形態；若它出現在下跌趨勢之初或下跌途中，只代表個股的一次反彈行情。

　　圖4-8是東方盛虹2019年1月至6月的走勢圖。該股於高點處出現尖頂形態。尖頂形態在頭部停留的時間較短，一般出現在股價短期內漲幅過大的情

| 圖4-8 | 東方盛虹2019年1月至6月的走勢圖 |

況下。當這個形態出現在個股累計漲幅較大時，象徵有風險，大多意味著上升趨勢結束、下跌趨勢開始。**一般來說，出現V底形態大多伴隨著放量，但出現尖頂形態時，成交量不一定會放大，投資者要格外注意。**

4.2.4 W底與M頭，是股價二次探底與探頂而形成

W底形態又稱作雙重底形態，它是因為價格二次探底而形成。圖4-9是標準的W底形態，在這個形態中，兩個最低點之間的連線為支撐線，中間反彈時的高點所在位置為頸線。

在此形態中，支撐線的出現反映空方已無力出貨，頸線則是判斷多方是否會發起上攻的重要位置，也是判斷W底形態是否成立的關鍵。

在W底形態中，量能需要特別關注。在W底形態的第一波反彈上漲走勢中，成交量會相對放大，這是買盤力道轉強的訊號。在W底形態的第二波上漲且突破頸線的走勢中，成交量會進一步放大，這是多方力量蓄勢待發、買盤加速流入的表現，也是將出現一輪漲勢的訊號。

M頭形態又稱作雙重頂形態，它是因為價格二次探頂而形成。第112頁圖4-10所示為標準的M頭形態，在這個形態中，兩個最高點之間的連線為壓

| 圖4-9 | 標準的W底形態示意圖 |

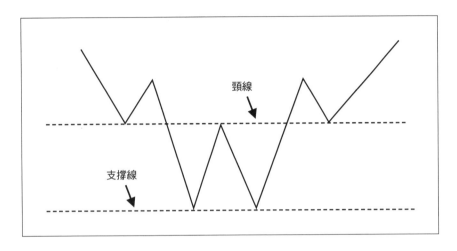

力線，中間下跌時的低點所在位置為頸線。

在這個形態中，二次探頂的寬幅震盪走勢及壓力線的出現，反映多方已無力再度拉升個股，頸線則是判斷空方力量是否已完全占據主導地位的重要位置，也是判斷M頭形態是否成立的關鍵。

4.2.5 分析 W 底的 2 個買點，以及 M 頭的 2 個賣點

第113頁圖4-11是威孚高科2019年9月至2020年1月的走勢圖。該股在大幅下跌後的低點出現W底形態，預示將形成中期底部。在這個形態中，會出現以下2個買點，在實戰中，要結合市場的實際情況加以把握：

1. 第一個買點出現在價格二次探底：此時，個股前期累計跌幅較大，短期內有明顯的站穩特徵，因此二次探底且發現空方力量不足時，可以買進。

2. 第二個買點出現在股價向上突破頸線後，回檔確認頸線位置時：由於前期套牢盤及短線獲利盤的雙重賣壓，個股突破頸線之後大多會回檔整理，此時可以逢回檔低點買進。

圖4-12是寶塔實業2019年8月至11月的走勢圖。該股在高位區出現M頭形態。對於M頭形態來說，當個股二次探頂時，由於股價短期內波動幅度較

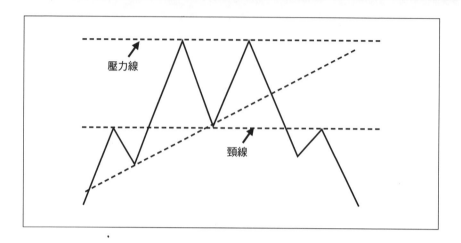

圖4-10　標準的M頭形態示意圖

壓力線

頸線

大，投資者應意識到原有漲勢難以再持續，應逢高賣出，此時的高點是第一個賣點。就中長線操作來說，還可以耐心等到M頭形態較明朗時（即在個股跌破M頭形態的頸線後），再逢反彈之際賣股離場，此時的反彈高點就是第二個賣點。

　　相對來說，第二個賣點展現一種順勢交易，可以使中長線投資者避免過早賣在上升途中，畢竟有一些股票在上升途中也出現這種形似M頭，但實則為整理走勢的形態。

　　與W底形態相似的是三重底形態，它比W底形態多了一次探底走勢，也多給我們一次逢低買進的機會。與三重底形態相對的是三重頂形態，以下結合案例講解。

　　第114頁圖4-13是陽光股份2019年6月至11月的走勢圖。該股在高位區出現三重頂形態，可以看到它多了一次探頂走勢。它有著和M頭形態一樣的兩個賣點，此外還多了一個逢高賣出點（第三次探頂時所形成的高點）。

4.2.6 圓弧底、圓弧頂，在實戰中發出什麼訊號？

　　圓弧形態清晰地反映多空力量的轉換過程。圓弧底是弧面向下的圓弧形態，圓弧頂則是弧面向上的圓弧形態。當圓弧底形態出現在累計跌幅較大的

圖4-11　威孚高科2019年9月至2020年1月的走勢圖

圖4-12　寶塔實業2019年8月至11月的走勢圖

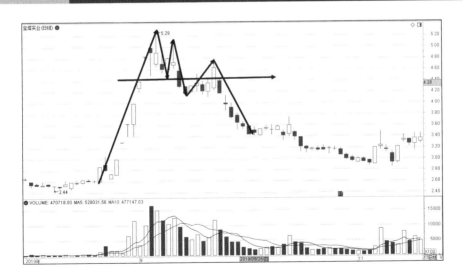

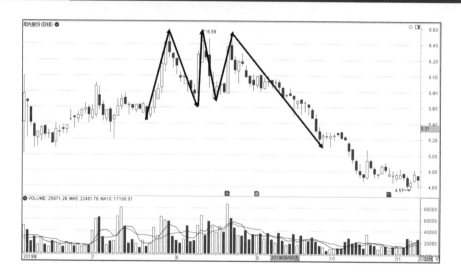

圖4-13 陽光股份2019年6月至11月的走勢圖

位置時，是底部出現的訊號；當圓弧頂形態出現在累計漲幅較大的位置時，是頭部出現的訊號。

圖4-14是攀鋼釩鈦2019年3月至6月的走勢圖。經過大幅下跌，該股在低位區出現圓弧底形態，並且在股價向上突破時有量能放出。此圓弧底形態出現在個股大幅下跌後的低位區，是個股走勢見底的訊號，預示趨勢將反轉。

對圓弧底形態來說，當股價重心沿著弧面緩緩向上移動時，可以明確看到個股走勢站穩，與前期的持續下跌走勢完全不同。當個股向上運行，有量能放出，而且短線漲幅不大時，可以進場買股。

圓弧頂形態出現在個股上漲後的高位區，是多空雙方在高位區展開拉鋸戰，多方由主動進攻變為被動防守的表現，也是個股走勢見頂的訊號。它大多出現於大型績優股中，但也有不少小型股在上漲末期出現圓弧頂形態。

圖4-15是貝瑞基因2018年12月至2019年8月的走勢圖。該股在大幅上漲後，於高位區出現圓弧頂形態。它的出現多意味著形成頭部，是上升趨勢結束、下跌趨勢開始的訊號。

投資者可以在初步形成圓弧頂形態時，或在圓弧頂形態形成後，股價短期內無法反彈時賣出。由於圓弧頂形態構築時間一般較長，投資者只要在實際操作中不貪婪，就不難在圓弧頂形態出現時成功獲利離場。

| 圖4-14 | 攀鋼釩鈦2019年3月至6月的走勢圖 |

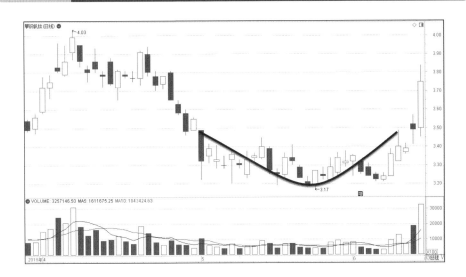

| 圖4-15 | 貝瑞基因2018年12月至2019年8月的走勢圖 |

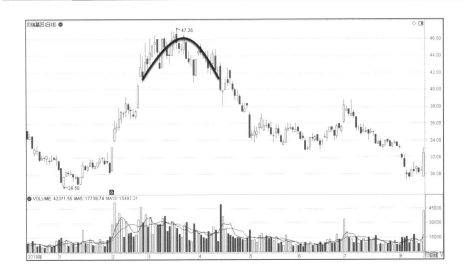

4.3

低位峰轉高位峰時，
匯聚籌碼才有作用

　　高位密集峰與低位密集峰是兩種典型的籌碼分布形態，隨著趨勢的推進、持續，它們之間會發生轉變。一般來說，高位密集峰是頭部訊號，低位密集峰是底部訊號。但在實際操作中，必須結合具體的市場情況與個股走勢做綜合判斷。本節及4.4節中，將擴大視野，看看如何利用高位密集峰和低位密集峰的相互轉變，掌握趨勢運行的關鍵環節。

4.3.1 密集峰匯聚的籌碼，應不少於流通籌碼 30%

　　在趨勢運行的各個環節，密集峰不是有較強的支撐（或壓力）作用，就是具有較強的轉折力道，但只有在各個環節匯聚較多的籌碼之後，形成的密集峰才有這樣的作用。一般來說，在分析趨勢時，我們說的密集峰所匯聚的籌碼，不應少於流通籌碼的30%。如果密集峰的籌碼密集度過低，那麼實際分析的意義不大。

　　圖4-16是新能泰山2019年10月29日的籌碼分布圖。個股在上升途中出現一波幅度較小的回落，此時從籌碼分布形態來看，形成一個小的密集峰，但匯聚的籌碼數量很少，因此分析趨勢的運行情況時，可忽略這種密集峰。

4.3.2 快速形成的高位密集區，是主力退場訊號

　　圖4-17是英洛華2019年2月18日的籌碼分布圖。經過長期震盪下跌，該股股價跌至3元左右。在4元附近，個股橫向震盪。至2019年2月18日，此時籌碼在低位區呈現密集形態，這個密集區較窄，且匯聚個股60%以上的流通

圖4-16	新能泰山2019年10月29日的籌碼分布圖

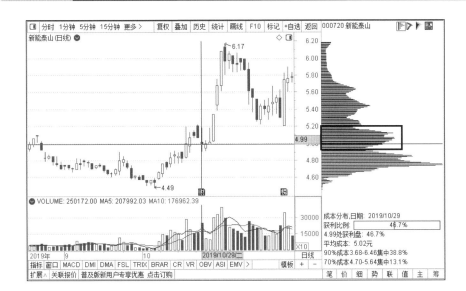

圖4-17	英洛華2019年2月18日的籌碼分布圖

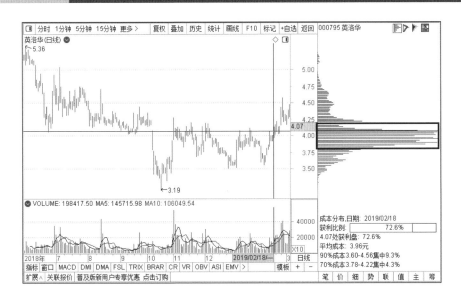

117

圖4-18　英洛華2019年5月29日的籌碼分布圖

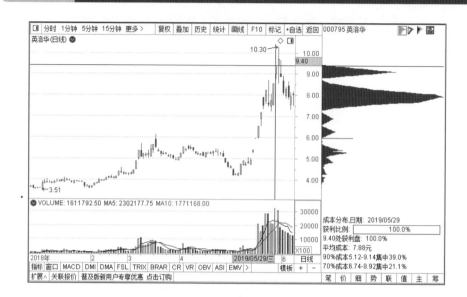

籌碼。一般來說，在此背景下的低位峰容易引發趨勢反轉，預示個股當前正在構築一個相對可靠的底部區，實戰中應予以關注。

　　圖4-18是英洛華2019年5月29日的籌碼分布圖，該股於2019年2月18日之後連續上漲，這是趨勢逆轉的訊號。隨後個股持續上漲，步入上升通道，至2019年5月29日，累計漲幅達1倍以上。由圖可見，當日籌碼全部位於9.4元下方。隨後個股橫向窄幅整理，走勢相對緩和，但期間籌碼換手很充分。如圖4-19所示，僅僅2個交易日，個股就在8.86元上方形成一個高位密集區。

　　快速形成的高位密集區，是主力資金離場的標誌之一，結合當時的市場環境來看，這是十分危險的頭部訊號。由於個股前期漲幅較大，且走勢遠強於同期大盤，因此它的頭部構築時間較短。在實戰中，應及時賣股離場，以迴避風險。

4.3.3 短底峰與短頂峰成對出現，該怎麼買賣才對？

　　若底部區的構築時間較短，卻能形成密集峰，表示個股交易較活絡，而個股的股性往往前後一致。對這種個股來說，它的頭部構築時間通常較短，一旦看到個股滯漲且籌碼形成密集峰時，要留意趨勢反轉並及時賣出。

　　第120頁圖4-20是酒鬼酒2019年5月10日的籌碼分布圖。個股此前的累計

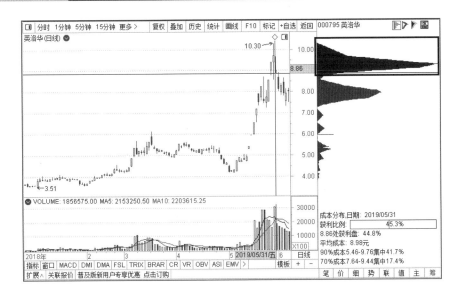

圖4-19　英洛華2019年5月31日的籌碼分布圖

跌幅較大，短期內又出現快速下跌，所以這是一個階段性低點。從當日的籌碼分布圖中可以看到，22.4元下方只有極少量籌碼。

　　短期止跌之後，個股開始橫向震盪。如圖4-21所示，僅僅經歷1個多月的震盪，個股50%以上的籌碼都匯聚到24元下方，形成鮮明的密集峰，這就是短期底部峰，也稱作短底峰，它的出現與個股交易活絡有關。

　　構築短底峰之後，個股開始穩健上升，但同期大盤仍在橫向震盪，因此個股這波上升行情較獨立。對於沒有大盤支撐的上升行情，投資者要密切留意出現頭部。

　　如第121頁圖4-22所示，累計漲幅翻倍後，個股經過十幾個交易日的橫向震盪，使70%左右的籌碼匯聚於這個狹窄的高位區，進而形成密集峰。這個高位密集峰的形成時間較短，我們稱作短頂峰，它預示行情的結束與轉折，是明確的賣出訊號。

4.3.4 高位區再度上漲形成雙峰，是頭部出現的訊號

　　個股在高位區持續震盪之後，會在這個高位區形成一個密集峰，但這不一定是頭部出現的訊號。很多時候，若同期大盤走勢看好，往往還會出現一波上漲走勢。

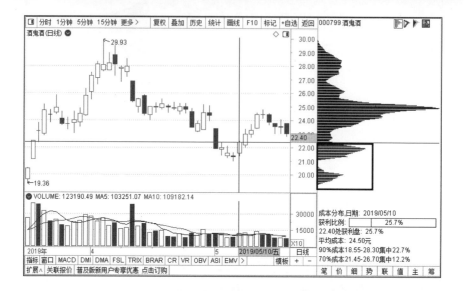

圖4-20　酒鬼酒2019年5月10日的籌碼分布圖

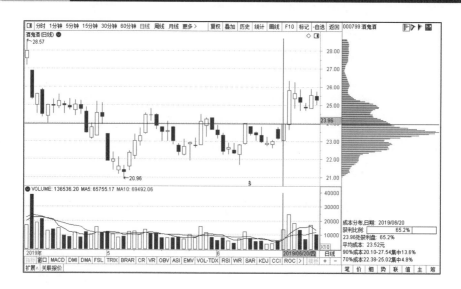

圖4-21　酒鬼酒2019年6月20日的籌碼分布圖

圖4-22 酒鬼酒2019年10月15日的籌碼分布圖

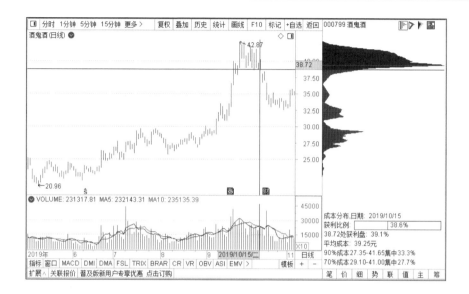

出現上漲走勢之後，有可能出現新的密集峰，並與前期的密集峰共同形成雙峰形態，這個雙峰是較可靠的頭部出現訊號。單獨就短線來說，個股有回落下探前期高峰的傾向。

圖4-23是北京文化2019年12月13日的籌碼分布圖。該股處於上升通道中，隨後在高位區橫向震盪，雖然持續時間較長，但在行情啟動區內仍堆積較多籌碼，便形成底部峰。如果底部峰消失得慢，代表主力資金以長線為主，個股交易不活躍。一般來說，只要同期大盤走勢較穩健，此時仍可以繼續持股。

隨後，個股出現一波上漲走勢，向上突破高位區的籌碼密集峰，並於新高點處繼續震盪，如圖4-24所示。

隨著持續震盪，此時籌碼形態呈現高位雙峰狀，而且底部峰也已完全消失，這是危險的訊號，表示長線資金在這個新高點處已悄然離場，也是個股長線走勢不樂觀的訊號。即使是價值型投資者，也應減碼觀望，以規避股價短期大幅回落帶來的風險。

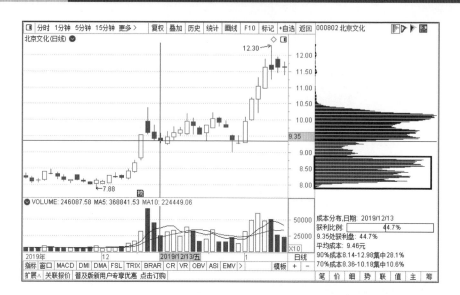

圖4-23　北京文化2019年12月13日的籌碼分布圖

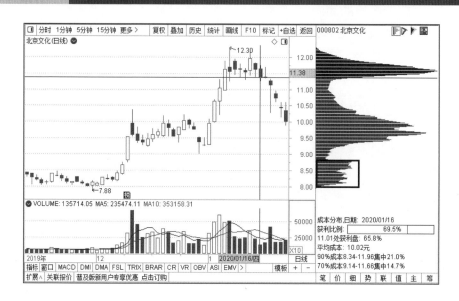

圖4-24　北京文化2020年1月16日的籌碼分布圖

4.4 高位峰轉低位峰時，如何預測底部出現？

低位峰向高位峰轉變是由底到頂的過程；高位峰向低位峰轉變是由頂到底的過程。不過，出現低位密集峰不一定代表出現底部。在實際操作中，投資者還要結合個股的累計跌幅、在低位區的走勢特徵等綜合分析。

本節將探討如何借助低位峰的形態特徵及構築方式，預測底部的出現。

4.4.1 籌碼形態加上 K 線形態，會讓預測更精準

K線形態可以用來預測頭部及底部的出現。在實際操作中，將籌碼形態與K線形態相互結合，可以得到更準確的預測結果。以下結合實例，看看如何將典型的底部K線形態與低位峰相互結合，預測底部的出現。

下頁圖4-25是航錦科技2019年4月12日的籌碼分布圖。該股經歷大幅上漲後，於高位區構築籌碼單峰形態，此峰是「主力賣出，散戶買進」的標誌，由此形成頭部。

隨後個股大幅下跌，又在低位區止跌站穩。當個股運行至2019年11月28日時，如圖4-26所示，籌碼在低位區呈現密集形態。而且，此時K線圖中出現W底形態。

我們知道，W底形態是經典的底部K線組合形態，它的準確率較高，再結合低位區的密集峰形態是底部的重要特徵來判斷，此位置為中期底部的機率極大。在實際操作中，可以在股價突破頸線，且W底形態正式構築成功後進場買股。

| 圖4-25 | 航錦科技2019年4月12日的籌碼分布圖 |

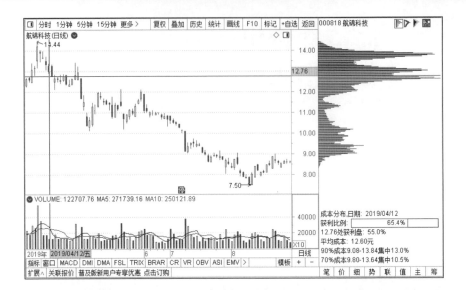

| 圖4-26 | 航錦科技2019年11月28日的籌碼分布圖 |

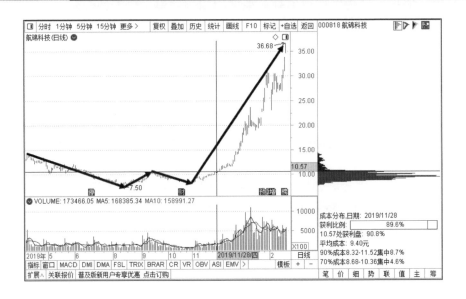

圖4-27　銀星能源2019年3月11日的籌碼分布圖

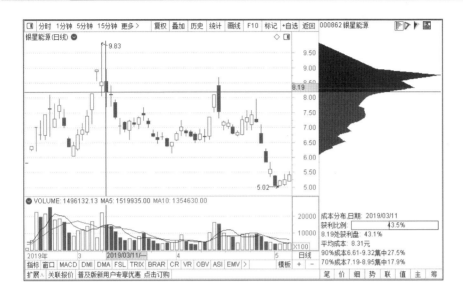

4.4.2 V底回測築成低位峰，是逢低買股的好時機

　　在大幅下跌後的低位區，個股首先出現V形反轉，隨後受大盤帶動，再度出現一波快速下跌走勢並回測前期低點，個股隨後在此位置附近橫向震盪，形成一個低位區的籌碼密集峰，這個密集峰預示出現中期底部。

　　圖4-27是銀星能源2019年3月11日的籌碼分布圖。個股首先在高位區形成籌碼密集峰。可以看到，這是一個快速形成的密集峰，代表主力資金加速離場，隨後個股受大盤帶動，出現下跌走勢。

　　急速下跌往往醞釀著V形反轉。如圖4-28所示，個股先出現V形反轉，但由於買盤進場的連續動能不強，且受恐慌盤及短線獲利盤的雙重影響，個股再度回測前期低點並橫向震盪，由此構築一個低位峰。

　　此時是V形反轉後，個股再度確認底部時的逢低買進時機。V形反轉預示有主力資金積極參與該股，再度回測大多是因為大盤震盪及主力能力相對較弱，但這正好為投資者創造一個逢低買股的好時機。

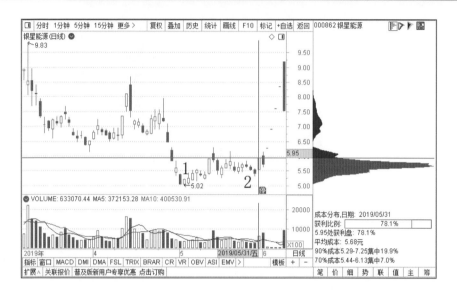

圖4-28　　銀星能源2019年5月31日的籌碼分布圖

🌱 4.4.3 不完全高位峰結合快速低位峰，
多預示上攻走勢

經過大漲後，個股進入高位區震盪。若震盪時間較長，但下方籌碼向這個震盪區間轉移的速度較慢，表示主力持股數量較多，此時構築的高位峰被稱為「不完全高位峰」。若這類個股隨後在大盤的帶動下進入低位區，且低位區籌碼匯聚速度快，大多預示即將展開新的一輪上攻行情。

圖4-29是深南電A於2019年4月9日的籌碼分布圖。個股在高位區震盪使籌碼開始在此區間匯聚，震盪時間較長，但籌碼向上轉移的速度較慢。雖然在高位區形成密集峰，但仍有大量籌碼散亂地分布在下方的區間內，所以此時的高位峰是不完全高位峰，意味著主力在高位區出貨不充分。

如圖4-30所示，個股在低位區僅震盪十幾個交易日，便使大多數籌碼匯聚於此，表示低位區籌碼換手速度極快，再結合主力在高位區出貨不充分的情況來看，若主力在低位區進貨，個股隨後有望展開新的一輪上攻走勢。實戰中應密切關注這類個股。對該股來說，隨後連續中陽線突破低位區，是個股走勢反轉的明確訊號，投資者應及時進場買股。

圖4-29	深南電A 2019年4月9日的籌碼分布圖

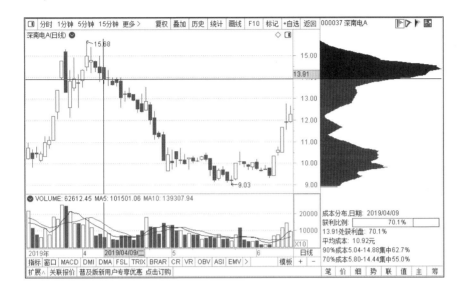

圖4-30	深南電A於2019年6月10日的籌碼分布圖

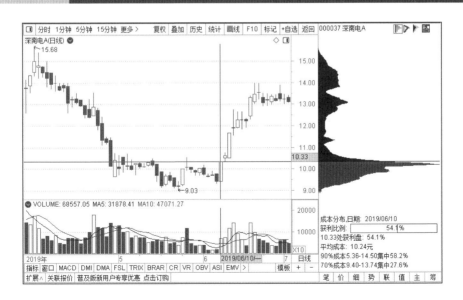

4.5 借助上升行情的籌碼形態，準確抓住漲勢

上升行情意味著出現機會，由於股市是一個以做多為主要獲利方式的市場，因此只有準確掌握上升行情才能好好獲利。對於上升行情，可以從兩個問題來掌握：一是低位區的上漲是反轉還是反彈？二是此前的一波上漲走勢是否具有持續性？

問題一的答案可以幫助投資者準確逢低進場；問題二的答案可以讓投資者大幅度地賺取獲利。

本節將講解幾種能預示上漲行情的常見籌碼形態，借助這些籌碼形態，相信投資者可以好好地抓住漲勢。

4.5.1 低位區出現套牢走勢，主力常用拉升式建立部位

當個股在低位區出現套牢走勢時，由於全部被套，多數投資人不願賣出，所以此時量能萎縮，主力也難以大規模建立部位。採取拉升方式建立部位是主力在此背景下常用的方法之一。具體為個股首先向上突破這個套牢區，隨後在套牢區上沿位置建立部位。

在套牢區上沿位置，短線盤有獲利空間，前期套牢盤也有解套離場或賣出停損的傾向，因此這是一個多空分歧較劇烈的區域。若籌碼在此位置呈現單峰密集狀，股價走勢強勢，大多預示有主力資金積極參與該股，個股後期有望上漲。

圖4-31是中集集團2019年2月12日的籌碼分布圖。如圖中標注所示，個股在低位區破位下跌，隨後又反向突破上漲，於套牢區上沿位置附近橫向整

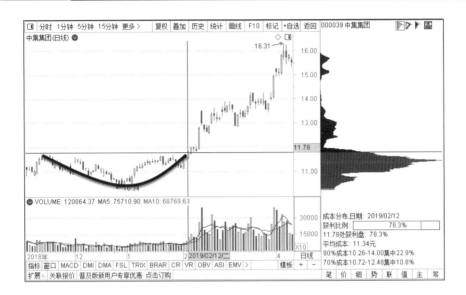

圖4-31 中集集團2019年2月12日的籌碼分布圖

理。隨著持續整理走勢，籌碼呈現單峰密集狀，這是主力參與的訊號。在實際操作中，可以在整理區間內逢回落低點買股布局。

4.5.2 向上跳空突破套牢峰，預告主力拉升意願強烈

在上升途中，個股經常於震盪之後出現較大幅度的回落。在這個震盪區形成的籌碼密集峰，是個股隨後運行中的套牢峰，一旦股價再度向上觸碰此套牢峰，會導致較多套牢盤解套離場。因此，若個股能以向上跳空的方式突破這個套牢峰，大多預示多方力量充足、主力拉升意願強烈，這是個股再度步入漲勢的訊號。

圖4-32是中興通訊2019年8月2日的籌碼分布圖。個股前期的累計漲幅不大，進而因為橫向震盪形成籌碼密集峰，隨後個股向下跌破這個區域，並在站穩之後再度上漲。2019年9月6日出現一根跳空開高、盤中走高的陽線，使股價一舉突破2019年8月2日籌碼分布圖中呈現的套牢峰。在面臨大量解套與短線獲利的雙重賣壓下，個股仍可以跳空且收於陽線，這彰顯多方力量的強勁，也是個股重拾漲勢的訊號。

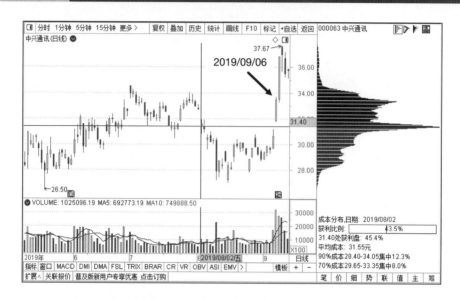

圖4-32　中興通訊2019年8月2日的籌碼分布圖

4.5.3 向下發散後在低位區站穩，是中短線布局的時機

　　快速上漲或下跌會使籌碼呈現發散形態，一旦價格走勢站穩，通常會引發明顯的多空分歧，促使籌碼向站穩區間匯聚，不過也有例外。

　　若個股在快速下跌之後，沒有因為站穩走勢而快速匯聚籌碼，大多表示大量籌碼沒有掌握在散戶手中，而過低的籌碼換手率無法讓主力出貨，因此主力往往會在大盤站穩的背景下，再度拉升個股。

　　圖4-33是北方國際2019年11月18日的籌碼分布圖。此時個股已在低位區站穩半個月左右，但這種橫向整理走勢，只讓很小量籌碼在此換手，大量籌碼仍以發散的方式，分布在此價格區間上方。

　　一般來說，投資者將這類個股視為主力能力較強，但因為大盤風險而被迫下跌，一旦大盤站穩，主力隨時有可能再度拉升個股。在實際操作中，個股在低位區站穩時，是中短線買股布局的時機。

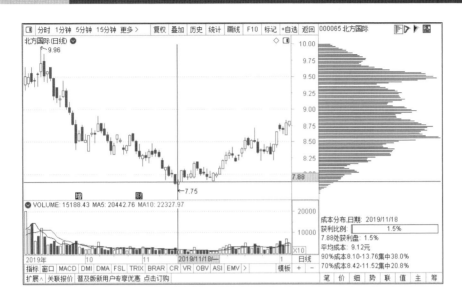

圖4-33　北方國際2019年11月18日的籌碼分布圖

4.5.4 當漲停板突破新低位密集峰，預示上攻行情

在大幅下跌後的低位區，個股先震盪站穩並形成低位密集峰，隨後又再度向下跌破這個密集峰，於新低點再度橫向震盪整理，形成更低的密集峰，此新低位密集峰的籌碼，正是由之前的低位密集峰轉移而來。

一般來說，新低位密集峰位於原低位密集峰的下沿位置，是個股籌碼換手率高、套牢減少的標誌。如果此時個股出現漲停板，並突破這個新低位密集峰，則經常表示在新低位密集峰處有主力進場，而個股前期的下跌幅度極大，容易觸發上攻行情。

圖4-34是藏格控股2019年5月29日的籌碼分布圖。個股之前跌幅較大，並因為在此位置區橫向震盪，而形成一個低位密集峰。低位密集峰不表示股價走勢會立即反轉，而由於同期大盤走勢不好，個股隨後再度破位下跌。

在一個更低的位置點（之前震盪區的下沿位置點附近），個股橫向整理，形成籌碼單峰密集形態（見圖4-35），這是一個新低位密集峰，從整體走勢來看，個股已有明顯的站穩特徵，隨後於2019年6月18日以一個漲停板突破這個新低位密集峰，預示將展開一輪上攻行情。

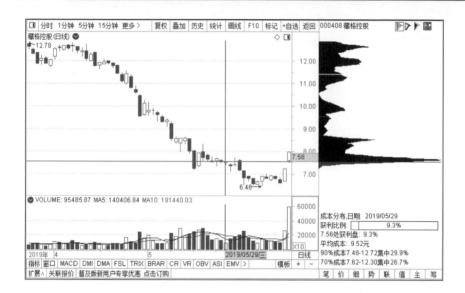

圖4-34　藏格控股2019年5月29日的籌碼分布圖

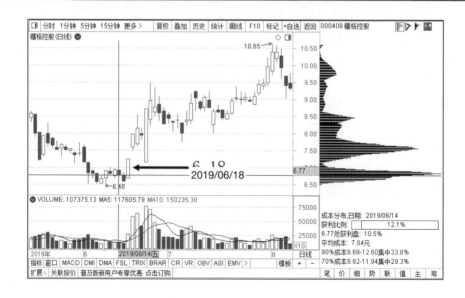

圖4-35　藏格控股2019年6月14日的籌碼分布圖

4.6

結合股價走勢特徵，
不漏看各種籌碼形態

　　趨勢運行的中繼整理和反轉，是兩個難以準確辨識的位置。如果投資者不能正確判斷，當上升趨勢出現時，會過早獲利出局；當下跌趨勢出現時，又會「抄底抄到半山腰」，虧損嚴重。如果利用籌碼形態的特徵並結合股價走勢的特徵，就能好好掌握趨勢運行。

4.6.1 若套牢峰的籌碼始終很多，
　　　 表示持股者不願離場

　　高位區或下跌初期的震盪整理走勢，使個股在此位置區形成一個密集峰，隨著股價破位下跌，這個密集峰變成典型套牢峰。如果個股隨後在更低的位置震盪整理，且整理時間較長，但上方套牢峰的籌碼始終較多，則說明大量持股者仍不願離場。

　　在下跌趨勢中，若絕大多數套牢都未停損離場，表示下跌動能沒有得到完全釋放，個股仍有下跌空間，這也預示這個更低位的震盪整理區，只是下跌趨勢的中繼整理區而非底部。

　　下頁圖4-36是*ST沈機2019年4月23日的籌碼分布圖。這是一張高位震盪之後的籌碼分布圖，可以看到籌碼在此高位區呈現密集狀。隨後個股開始破位下跌，正式步入跌勢，這個密集峰變成一個套牢峰。

　　圖4-37是*ST沈機2019年7月12日的籌碼分布圖。如圖中標注所示，個股在低位區經過長期震盪之後，雖然使大部分籌碼匯聚於此，但上方的套牢峰仍有大量籌碼，表明此前的震盪位置區並非底部，若要抄底進場，仍需謹慎，只適合酌量買進。

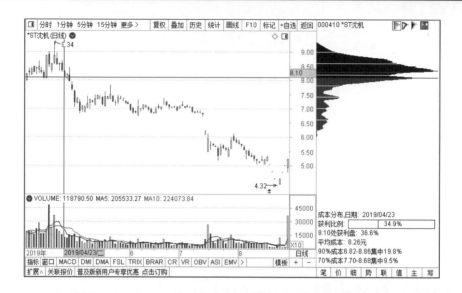

圖4-36 *ST沈機2019年4月23日的籌碼分布圖

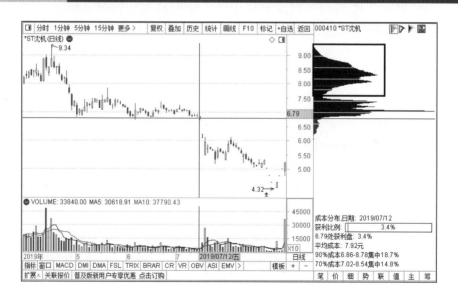

圖4-37 *ST沈機2019年7月12日的籌碼分布圖

圖4-38　華天酒店2020年1月21日的籌碼分布圖

🌱 4.6.2 長陰線反覆下穿低位峰，很難出現真正底部

　　個股在下跌途中構築一個低位震盪整理平台，使籌碼匯聚於此，且呈現峰狀。若期間個股反覆出現單根長陰線向下穿越籌碼密集區的情況，代表空方力量強大，而這個密集區難以成為真正的底部。

　　圖4-38是華天酒店2020年1月21日的籌碼分布圖。這是一個低位震盪整理區，籌碼呈現單峰密集狀，但期間出現許多長陰線向下穿越整理區的情況，因此它不是真正的底部，且空方力量依舊很強，個股有可能隨時受大盤影響而破位下跌。在實際操作中，此時不宜逢低進場。

🌱 4.6.3 長陽線向上穿越密集峰，
　　　表示有動力再步入漲勢

　　在上升途中，個股橫向震盪整理，使絕大多數籌碼匯聚於此區間，籌碼呈現密集狀。若此時出現長陽線向上穿越籌碼密集峰的情況，表示多方力量在這個整理區得到市場認同，個股仍有再度步入漲勢的動力。

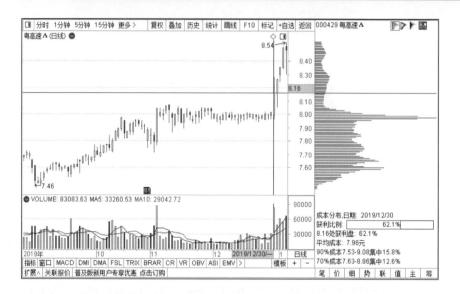

圖4-39　　粵高速A於2019年12月30日的籌碼分布圖

　　圖4-39是粵高速A於2019年12月30日的籌碼分布圖。個股因為上升途中的橫向震盪走勢，使籌碼呈現單峰密集形態。隨後一根長陽線向上突破此籌碼密集峰，這是將展開新一輪漲勢的訊號。

第 5 章

掌握主力模式，
找到飆股順勢獲利

5.1
用4個重點判斷主力類型，
是提高勝算的關鍵

　　發現有主力參與的個股不難，難在如何分析主力的行為，以及辨識主力是長線主力、短線主力或超短線主力。在利用籌碼分布展開實戰時，準確判斷主力的類型既是實戰的前提，也是提高勝算的關鍵。

　　一般來說，判斷主力的類型時，可以從個股走勢特徵、消息和題材面、股本大小、市場環境4個方面著手。

5.1.1 【個股走勢特徵】中長期略強於大盤，
　　　　顯示有中長線主力

　　若個股經歷長時間的震盪築底過程，且走勢在中長期內略強於大盤，則可以將這種特徵看作是主力緩慢進貨的訊號。在這種背景下，個股一旦開始向上突破震盪區，且有同期大盤的站穩走勢配合，很可能步入中長期上升趨勢。該股有中長線主力參與，一旦步入上升通道，則持續性較強。若個股之前的走勢弱於大盤，卻突然出現快速突破，那麼該股大多有短線主力參與，而且它的上升趨勢持續性不強，在實際操作中應避免追高被套牢。

　　圖5-1是滬電股份2018年6月至2019年10月的走勢圖，圖中加上同期的上證指數走勢。在2018年6月之前，該股走勢與大盤接近，隨後卻開始獨立走強，在大盤仍原地踏步的背景下，如圖中標注所示，個股將開始緩慢上漲。

　　一般來說，這類率先於大盤單獨走強，且上漲勢頭穩健的個股，通常有中長線主力參與。在後期，一旦大盤由弱轉強，得到大盤向上支撐的情況下，這類個股通常能走出牛市行情，是中長線投資者應該特別關注的類型。

　　圖5-2是眾應互聯2019年4月至2020年1月的走勢圖，圖中加上同期上證

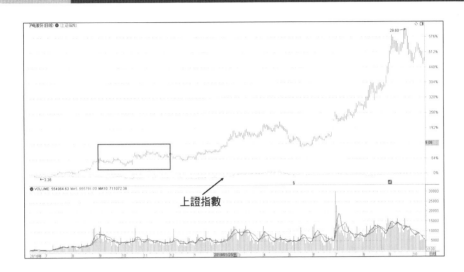

圖5-1 滬電股份2018年6月至2019年10月的走勢圖

上證指數

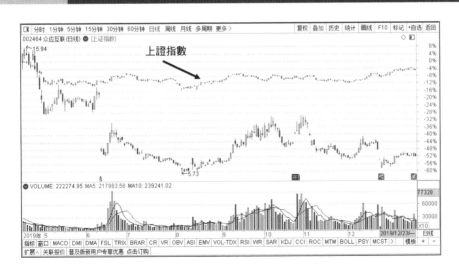

圖5-2 眾應互聯2019年4月至2020年1月的走勢圖

上證指數

指數。如圖中標注所示，在上證指數節節攀升、處於牛市格局的背景下，該股走勢遠弱於大盤，說明個股無主力參與，或主力正處於出貨階段。在此背景下出現一波上攻行情並不具備持續性，一旦追漲，很容易被套牢在高檔。

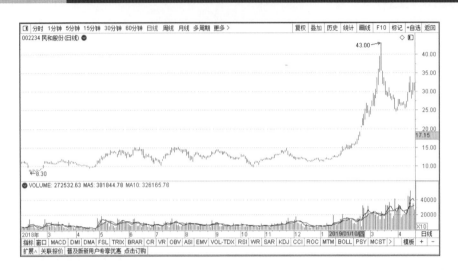

5.1.2 【消息和題材面】延續性強且價值突出，吸引中短線主力

　　假如引發個股異動的消息不具備持久的價值，例如：貴金屬期貨價格突然波動、召開重要峰會、準確性較低的市場傳聞等，此時個股上漲甚至是當日強勢漲停，都很可能是偶然性波動，而非真正的突破。這類個股雖然形態很好，但不宜追漲。

　　如果個股的題材有較強的延續性且價值突出，例如：有政策扶持的傾向、上市公司轉型、業績看好等，此時個股啟動突破，很可能是中短線主力開始積極參與的訊號，應加以重視。

　　圖5-3是民和股份2018年2月至2019年4月的走勢圖。該股在經歷長期橫向整理之後，於2019年初，借助股市行情好轉，開始率先走出低位區並一路上漲，累計漲幅超過5倍。

　　對該股來說，公司的主要營業為飼養雞隻，因此在非洲豬瘟的影響下，該股題材較好，在低位區出現長期盤整走勢，並率先上攻突破。因此，無論是從題材面還是技術面來看，這些都是促使投資者發現主力的線索。

　　在實戰中，對於這類有好題材，卻因為大盤較弱而長期盤整的個股，應

耐心布局，等到大盤回暖時，此類個股極可能因為熱門題材而一飛沖天。

5.1.3 【股本大小】主力的投資偏好是小型股與中型股

一般來說，主力參與個股時會首選小型股，其次是中型股。對於大型股來說，投資者可以看作是多路資金博弈的結果，沒有主力參與。

在實戰中可以發現，那些憑藉一波牛市而飛速上漲的股票，大多都有好的題材面（新興行業、有政策扶持、有潛在的增值題材）作為支撐，而且股本較小（總股本一般會在2億股以內，不超過5億股）。

這也提醒我們，在尋找個股時，總股本大小是重要的衡量因素。一檔好股票即使有題材、業績，但如果股本太大，很難有資金願意參與，除非股市大漲、市場一片看多，否則大股本很難有較好的表現。

5.1.4 【市場環境】焦點在不同題材間切換，主力參與意願高

股市的熱門題材時時在變，當投資者發現市場能在不同熱門類股之間來回切換，且市場又少有暴跌時，代表市場很強勢，主力參與個股的熱情將大幅提高。

在此環境下，投資者可以適當追漲買進強勢股，因為這通常是一個強者恆強的時段。如果市場環境已明顯轉冷，此時個股出現逆市上漲或強勢特徵往往都是曇花一現，其上漲格局難有延續性。這時無論是中線主力還是短線主力，都是借助反彈之際逢高賣出。若投資者此時追漲，風險將遠高於預期獲利。

圖5-4是天威視訊2018年10月至2020年2月的走勢圖。2018年末，隨著股市不斷升溫，個股出現三波有力的上漲。隨後，由於2019年下半年大盤震盪下跌，因此個股出現急速下跌走勢，且投資者處在恐慌之中。

後來個股出現兩波反彈走勢，但由於市場環境徹底改變，此時的上漲更適合看作是下跌途中的反彈，不宜追漲。即使是實力很強的主力，在選擇個股時，也需要參照當時的市況。

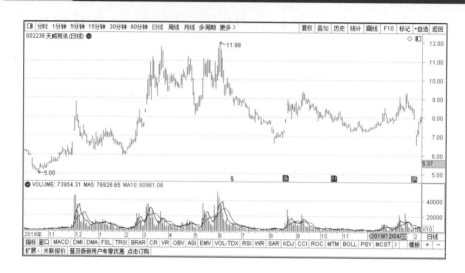

圖5-4　天威視訊2018年10月至2020年2月的走勢圖

5.2

抱不住獲利的股票？
要區分「盤整」與「出貨」

當一輪行情穩步推進時，相信多數投資者都有這樣的體驗，而且常常陷入其中，那就是——抱不住賺錢的股票。

在一輪行情中，「只賺取小部分的獲利，而失去讓資金加速成長的大獲利」的體驗與心態有關，由於股市的非理性波動，一旦有獲利便賣出持股，似乎是多數人的習慣。就機率來說，這種習慣似乎正確，但是當這種習慣成為最後的選擇時，投資者會錯失許多黑馬股，也無法感受到股市的魅力。

想解決這個難題，首先要區分「盤整（又稱股價整理）」與「出貨」，而籌碼分布可以讓我們從一個全新的角度，有效區分兩者。

5.2.1 觀察低位區籌碼的轉移速度，來判斷主力強弱

強主力被稱為強主力的主要原因，是其手中握有大量的流通籌碼。低買高賣是主力獲利的方法，特別是中長線主力，其一般會在低位區買進足夠的籌碼。因此，當個股出現明顯的築底行情，隨後開始脫離這個區域且漲勢強勁時，投資者可以觀察低位籌碼的轉移速度，判斷主力的強弱。如果低位籌碼轉移速度較慢，大多代表該股有中長線強主力參與，只要個股的累積漲幅不大，投資者可以耐心持有。

籌碼慢轉移有以下2種表現方式：

1. 在個股快速上漲的過程中，底部籌碼向上轉移的速度較慢。
2. 個股經過上漲途中之後的盤整區，仍有大量籌碼分布在上漲途中。

圖5-5是聯化科技2019年12月16日的籌碼分布圖。在經過低位區的整理

圖5-5　　聯化科技2019年12月16日的籌碼分布圖

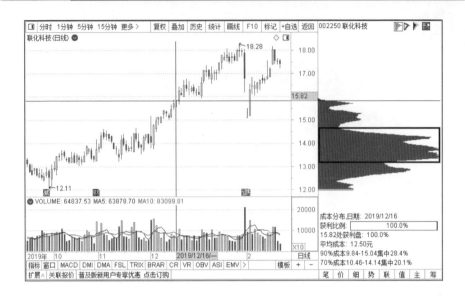

之後，個股開始快速上攻。從圖中可以看到，個股雖然短期內漲幅極大，但是上漲時的籌碼換手率很低，且量能沒有明顯放大，表現在籌碼形態上是底部盤整區仍匯聚著大量籌碼，而且這些籌碼並未隨著個股的加速上漲而向上快速轉移。

5.2.2 上升途中籌碼緩慢轉移，
　　　中短線投資可持股待漲

　　圖5-6是西儀股份2019年3月27日的籌碼分布圖。經過低位區的盤整之後，該股開始加速上漲，隨後於高位區出現近三週的橫向震盪走勢。

　　當個股運行到2019年3月27日時，可以看到仍有大量籌碼分布在上升途中，並未完全轉移至盤整區，表示個股的籌碼鎖定程度較高，就中短線來說，投資者仍可以持股待漲。

5.2.3 完全突破後的盤升密集區，
　　　是主力加碼買股區域

　　主力進貨往往不是一步到位，當個股隨著大盤回穩而向上運行時，若主

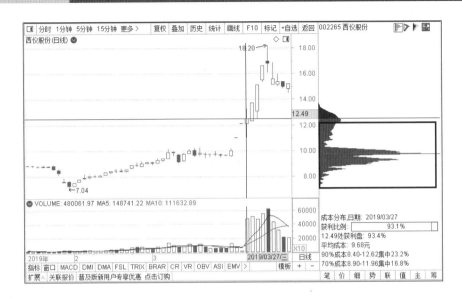

圖5-6　西儀股份2019年3月27日的籌碼分布圖

力此時進貨不充分，且有意中線參與該股，通常會在突破之後繼續進貨。此時個股不會急速上攻，但由於主力不斷買進，走勢在突破點位附近震盪盤升。在這個盤升區，走勢持續時間相對較長，通常能達一個月之久。市場籌碼換手充分，使籌碼形態由低位區密集轉變為盤升區密集。這個盤升密集區既是主力一次加碼進貨的區域，也是底部持有者獲利離場的區域。

圖5-7是營口港2019年1月8日的籌碼分布圖。該股在低位區橫向震盪的時間較長，使大量籌碼向此區域匯聚，但此時難以判斷是否有主力參與其中，畢竟個股這種走勢與大盤運行情況息息相關。因此就交易來說，此區域有投資價值，可長線進場。

隨後個股以一個漲停板向上突破，這時投資者看到主力的身影，但僅憑一個漲停板難以判斷主力的真實意圖與市場行為，因此還須不斷觀察。

如圖5-8所示，個股在漲停之後沒有急速上漲，而是緩慢震盪盤升，而且在此過程中，市場籌碼換手充分。這個相對狹小的盤升區域，讓籌碼再度匯聚，主力已充分進貨，底部大多數的持有者已獲利離場，進而為個股隨後的上漲打下基礎。

圖5-7　營口港2019年1月8日的籌碼分布圖

圖5-8　營口港2019年3月25日的籌碼分布圖

5.3

突破密集區後，
哪些股票可能會快速回跌？

有些主力在參與個股時，行動方向上有一定的連續性，可以稱之為實力較強的主力。但是，也有一些游資在參與個股時，會更多地結合當時的市場環境與投資者的跟進程度，來決定下一個交易日的操作。

若投資者不能準確判斷這種陰晴不定的主力（註：這裡指的主力並非真正意義上的主力），便可能做出錯誤決策，就只能憑運氣獲利。

實戰中，最重要的是判斷個股突破的有效性，實力較強的主力在參與時，個股一旦突破，其突破成功的機率極大；陰晴不定的主力在參與時，個股能否突破成功，則是隨機的。本節將結合籌碼分布，看看那些突破後，有快速轉向風險的股票有何特徵。

5.3.1 大量籌碼在密集區突破點快速匯聚，是危險訊號

個股因為長時間的橫向震盪走勢，使大多數籌碼匯聚，而此時是出貨環節還是整理環節？主力的能力是否很強？這些都難以判斷。若個股隨後向上突破，突破空間很小且呈現滯漲狀，但在短短數個交易日之後，卻使大量籌碼在突破點附近快速匯聚，這就是危險的訊號，它表明以下2點：

1. 市場籌碼極度不穩定，散戶持股數量眾多。
2. 突破之後，個股有快速轉向的風險。

這種籌碼分布的變化，是個股突破後，有快速轉向的風險，一旦大盤出現回檔，個股短期內的下跌空間通常很大，此時應果斷賣股離場。

圖5-9 西藏天路2019年3月15日的籌碼分布圖

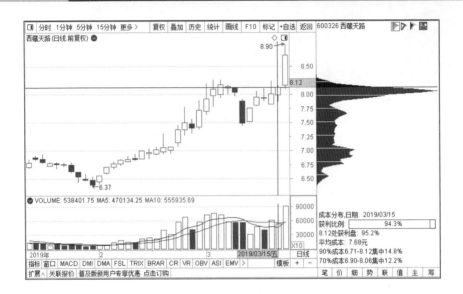

　　圖5-9是西藏天路2019年3月15日的籌碼分布圖。該股長時間橫向震盪，運行至2019年3月15日時，籌碼在當日收盤價下方呈現單峰密集形態，說明此區域的籌碼換手充分。

　　隨後個股向上突破，但沒有快速上漲，而是在突破日的陽線附近上下震盪。至2019年4月23日時，如圖5-10所示，股價仍位於震盪區上方，但籌碼形態已完全轉變，大量籌碼已轉移到2019年4月23日的收盤價上方。籌碼在密集區突破點快速匯聚，但個股的突破走勢軟弱無力。綜合來看，個股此時有快速轉向的風險，投資者應及時賣出。

🌱 5.3.2 發散形態突破點的慢速移動，通常不宜追漲

　　發散形態突破點的慢速移動，是指個股在上升途中出現橫向震盪走勢，但籌碼沒有在此區域形成單峰密集形態。隨後個股向上突破，籌碼從整體來看仍是發散形態，這是因為突破之後，籌碼向突破位置轉移的速度緩慢。

　　這種形態常出現在基金持股的籌碼分布圖中，由於入駐基金較多且鎖股程度較高，因此籌碼沒有隨著個股突破而快速向上轉移。在股市環境較好的背景下，由於多空分歧不明顯、做多思維占據主導地位，因此這類個股的中長線表現通常較好。但是，在股市環境相對較差的背景下，這種形態是投資

圖5-10　西藏天路2019年4月23日的籌碼分布圖

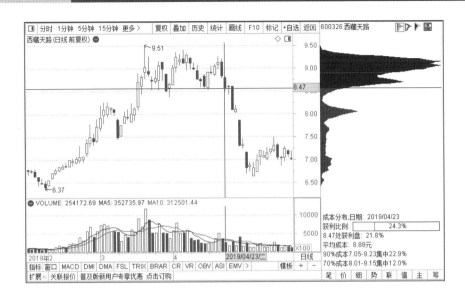

者跟進意願較弱的訊號，表明各路基金難以整合，個股突破後快速轉向的機率極大，實戰中不宜追漲。

　　圖5-11是白雲山2019年4月25日的籌碼分布圖。個股在此之前穩步盤升，且在途中經過橫向震盪，但由於散戶相對較少，該股具有績優屬性，長期投資者較多，而且籌碼換手速度緩慢，因此直至當日，籌碼依舊呈現發散形態。

　　如圖5-12所示，個股隨後突破，但籌碼向上轉移的速度相當慢，投資者跟進買進極低，此時市場環境較差，一旦大盤走勢發生變化，由於跟進盤稀少，少量的賣壓可以使股價大幅下跌，如同少量的買盤可以讓個股實現突破。在實際操作中，結合股市當時的整體氛圍來看，個股突破後快速轉向的機率更大，此時不應追漲。

5.3.3 突破後遇到高位密集峰的壓力，應賣出並觀望

　　低位整理之後的向上突破可能是反彈，也可能是反轉，結合籌碼分布形態來看，可以更準確地判斷。

　　如果在個股向上突破時，上方仍有前期形成的密集峰，則此密集峰對個股繼續上漲有十分強大的壓力，而在大盤運行相對疲乏的背景下，個股的走

圖5-11	白雲山2019年4月25日的籌碼分布圖

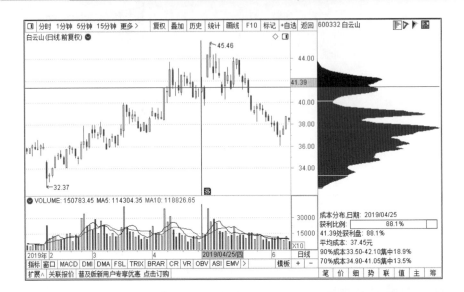

圖5-12	白雲山2019年5月22日的籌碼分布圖

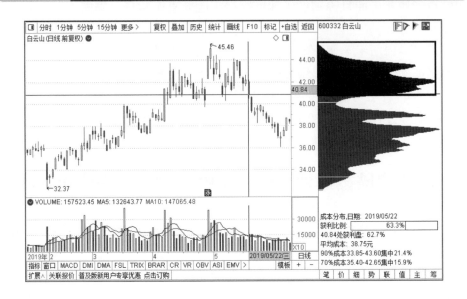

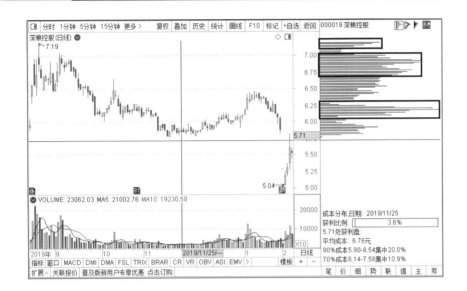

圖5-13 深糧控股2019年11月25日的籌碼分布圖

勢有可能反轉向下。

圖5-13是深糧控股2019年11月25日的籌碼分布圖。從圖中可以看到，個股從高位急速下跌之後，在低位區雖然經過一段時間的橫向震盪整理，但仍留有3個高位密集峰，這是壓力型密集峰。據此可以判斷，在上漲過程中，每個密集峰都對個股有較強的壓力作用。這提醒我們，在實際操作中，當股價漲至密集峰附近時，應賣出觀望。

🌱 5.3.4 以連續大陽線突破寬幅密集區時，回跌機率大

在所有震盪走勢中，寬幅震盪後的突破難度最大，因為此時個股面臨雙重賣壓，即震盪區上沿附近的解套賣壓，和震盪區下沿附近的獲利賣壓，如果個股還有高位套牢，那麼還有高位停損賣壓。

持續寬幅震盪走勢，使籌碼均勻分布在震盪區間內，表示籌碼換手充分、大多數籌碼掌握在散戶手中。此時個股若以連續大陽線的方式突破，將遇到大量市場賣壓的阻擋。這種突破方法對於多方力量的消耗極大，除非個股有十分出眾的題材，否則再度跌回震盪區的機率很大。

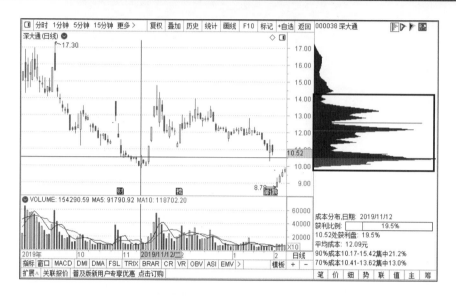

圖5-14　　深大通2019年11月12日的籌碼分布圖

　　圖5-14是深大通2019年11月12日的籌碼分布圖。個股從高位下跌，於相對低位區寬幅震盪，多空分歧明顯，股價上下波動幅度大。直至當日，籌碼仍呈現較集中但寬幅分散的形態。

　　再結合個股之前的走勢判斷，這個區域的籌碼換手充分，大量籌碼分散在各類投資者的手裡。此時，個股以連續大陽線的方式向上突破，雖然突破籌碼寬幅密集區，但此突破方式對多方力量的消耗極大，因此個股的上漲走勢已接近尾聲。實際操作中應果斷賣出，以規避短線大幅回落風險。

5.4

「低位密集區」是獲利與風險並存的區域

低位區是一個機會與風險並存的區域。買得好，可以實現資金的快速增值；買得差，可能會承擔由個股繼續下跌帶來的本金虧損。

面對這個風險與機會並存的區域，投資者要學會辨識不同的籌碼形態。本節將結合籌碼形態的變化及特徵，解說如何做買賣決策。

5.4.1 密集區快速形成底部，具備上漲支撐力

當個股受到大盤的系統性風險或自身利空的影響，於高位區快速下跌且幅度極大時，個股一旦出現長時間的橫盤震盪走勢，就會形成低位籌碼密集區。如果這個籌碼密集區是由高位籌碼密集區轉變而來，便是高位、低位籌碼的快速轉移。

這種籌碼轉移方式的市場含義是：高位區聚集大量的市場浮額，由於股價跌速快、跌幅深，大量的市場浮額賣出，低位區籌碼換手十分充分，使市場中的籌碼整體成本接近低位區的價格。如此一來，個股具備上漲的支撐力，一旦股市行情轉好，該股會變成具有上攻潛力的個股。

下頁圖5-15是宜華健康2019年4月25日的籌碼分布圖。個股在高位區經歷一個月左右的震盪，由於每個交易日的盤中振幅都較大，籌碼向高位區快速轉移，形成高位籌碼密集區。2019年4月25日，個股向下跌破這個密集區，這是危險的訊號，預示個股破位下跌，此時應及時賣出，以規避風險。

如圖5-16，隨後個股經歷快速、大幅的下跌，並於低位區開始橫向震盪整理，籌碼再度快速匯聚並形成密集狀態。結合圖5-15來看，這是高位籌碼向低位快速轉移的表現。如果高位快速密集形態是風險，那麼此時出現的低

圖5-15	宜華健康 2019年4月25日的籌碼分布圖

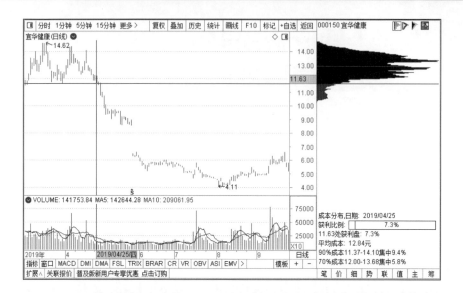

圖5-16	宜華健康2019年8月19日的籌碼分布圖

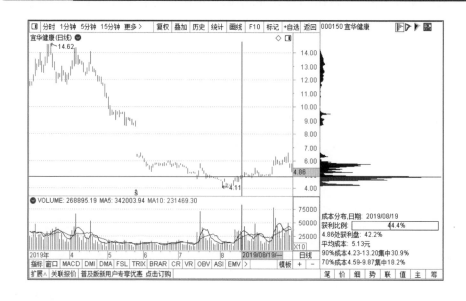

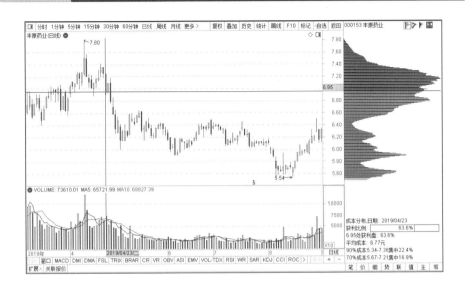

圖5-17　豐原藥業2019年4月23日的籌碼分布圖

位快速密集形態便是機會，投資者可以適當買進。

5.4.2 高位密集峰不向下移，很難出現上攻行情

籌碼在高位區呈現密集狀態，隨後個股破位下跌，並在低位區橫向震盪，使高位區的籌碼向低位震盪區轉移。如果轉移速度過慢，個股很難有好的上攻行情。因為高位區的籌碼就像壓在個股身上，對個股上漲有壓力作用，而且個股快速跌破高位籌碼密集區，說明主力的實力較弱。

圖5-17是豐原藥業2019年4月23日的籌碼分布圖。個股運行至當日時，可以看到已形成籌碼密集區，隨後個股破位下跌，並在低位區再度橫向震盪。

如圖5-18所示，個股在低位區橫向運行兩個多月，此時仍有近一半的籌碼分布在前期高位區，表示籌碼由高位區向低位區轉移的速度異常緩慢。高位區的大量籌碼對於個股後期上漲來說，無疑是巨大的阻礙。因此，在低位區買進這類股票，即使它已接近底部甚至觸底，投資者也很可能承擔較高的時間成本，這類股票不適合中短線布局。

圖5-18　豐原藥業2019年7月9日的籌碼分布圖

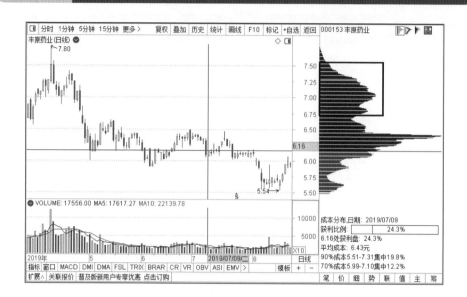

在實戰中，這種情況值得投資者注意，若不透過籌碼分布形態，僅利用股價跌幅及走勢判斷，將難以發現這個問題。

5.4.3 上漲慢發散後股價下跌，表明市場浮額較少

在個股向上運行的過程中，籌碼隨著上漲走勢而呈現發散形態，但向上轉移的速度較慢，這種情形被稱為「慢發散」。隨後受到利空或系統性風險的影響，股價直線下跌，幅度巨大。一般來說，下跌幅度不會小於50%。個股隨後於低位區站穩，並形成低位區的籌碼密集形態。

上漲慢發散的籌碼形態說明市場浮額較少，個股沒有在高位區停留，而是因為利空而直線下跌，主力沒有出貨的時間與空間，因此當個股在低位區走勢站穩，並形成新的籌碼密集區時，個股通常會再度上漲。此低位籌碼密集區是主力加碼買進的區域，而建立的底部持股。

圖5-19是東旭光電2019年4月22日的籌碼分布圖。籌碼呈現慢發散形態。隨後股市出現雪崩式下跌，該股出現斷崖式下跌，主力資金也深套其中，個股於跌幅巨大的位置點才開始站穩。

圖5-20是東旭光電2019年9月4日的籌碼分布圖。此時個股已於低位站穩，籌碼也因為站穩走勢而呈現單峰密集形態，是中短線很好的布局時機。

圖5-19　東旭光電2019年4月22日的籌碼分布圖

圖5-20　東旭光電2019年9月4日的籌碼分布圖

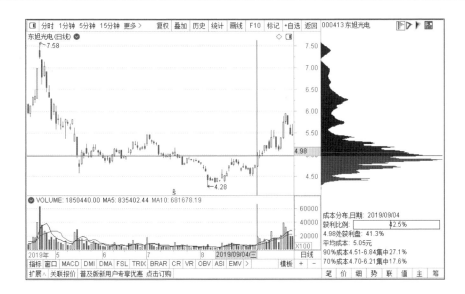

🌱 5.4.4 低位密集峰小幅度上移，是主力進場訊號

若低位區相繼出現密集峰，而且後一個密集峰略高於前一個密集峰，說明有更強勁的買盤力量，使籌碼在充分換手的過程中得以向上移動。一般來說，這是主力資金參與的訊號，主力積極進貨促使密集峰小幅度上移。

實際操作中，投資者可以在後一個略高的密集峰位置，逢個股短線回檔至此震盪區的低點進場買股。

圖5-21是興業礦業2019年12月2日的籌碼分布圖，圖5-22是興業礦業2019年12月23日的籌碼分布圖。對比可見，圖5-22中的密集峰略高於圖5-21的密集峰，出現密集峰表示在這個價格區間內，籌碼換手十分充分，而密集峰重心上移，買盤持續進場，這正是主力資金進場的訊號，也預示個股後期有望打開上漲空間。

圖5-21	興業礦業2019年12月2日的籌碼分布圖

興業礦業2019年12月23日的籌碼分布圖

5.5 「高位密集區」
是頭部或是上漲途中盤整？

　　高位區源於持續的上漲走勢，高位區可能是頭部，也可能只是上升途中的一次整理區。一般來說，如果個股的業績增速遠小於股價漲速，其股價將處於被高估的狀態。在實際操作中，投資者更應該關注買賣盤力量的變化情況。本節將結合高位區籌碼形態的變化，看看如何掌握股價走勢。

5.5.1 中長期高點的遞增峰，是頭部出現的訊號

　　中長期高點的遞增峰形態，常見於個股累計漲幅較大的位置區，是頭部出現的訊號，它的形態特徵是：個股在高位區運行時出現3個相鄰的密集峰，且後一個密集峰的籌碼數量比前一個密集峰多。

　　遞增峰的出現既是籌碼加速換手的訊號，也是高位區賣壓加重的標誌。此時個股很難再度向上突破，大多會築頂反轉。

　　圖5-23是中潤資源2019年4月24日的籌碼分布圖。個股經過兩波大幅上漲之後，在高位區出現遞增峰的籌碼形態，這是頭部反轉的訊號。在實際操作中，投資者應逢震盪高點及時賣股離場，以避免趨勢反轉下跌的風險。

5.5.2 中線低峰但長線高峰，仍是相對高點

　　判斷一個籌碼峰的高點與低點時，不僅要看中期走勢，還要看全域走勢（對於期間未經歷重大資產重組的個股來說），只有這樣才能更準確地掌握高點與低點。

　　個股中期跌幅較深（比如達到50%），不能代表此時的低點是一個很低

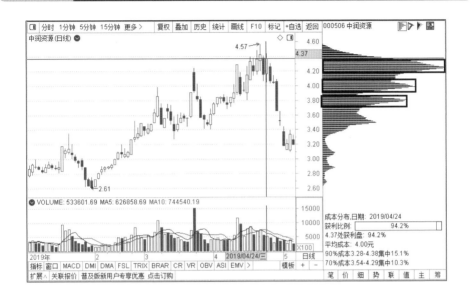

圖5-23 中潤資源2019年4月24日的籌碼分布圖

的位置點，若拉伸時間軸可能會發現這裡仍是相對高點，所以此處形成的籌碼峰更有可能是下跌途中的整理峰，而不是底部峰。

圖5-24是渝開發2019年6月26日的籌碼分布圖。圖中左側為該股2019年4月至7月的走勢。由圖可見，這是一個低位峰，而且此時個股跌幅已經很深，是否可以據此認為此時形成的低位峰，代表籌碼在底部區換手充分，且預示著趨勢的反轉？答案是「否」。

圖5-25顯示渝開發2019年2月至2019年6月的走勢，從這張圖中可以看到，2019年6月26日的位置點仍為長期高位峰，因此從基本面來分析，若大盤走勢不好，個股仍有較大的下跌空間。基於此判斷，在實際操作中，此位置點出現的籌碼峰仍屬於高位峰，不適合抄底進場。

5.5.3 突破後盤中跌破高位峰，價格走勢將反轉

個股先在高位區出現籌碼峰形態，隨後以大陽線向上突破，但是才剛突破成功，就出現反轉走勢，並於盤中跌破這個籌碼峰。這表示市場賣壓劇增，預示此區域或中期頭部價格走勢即將反轉，投資者最好賣股離場。

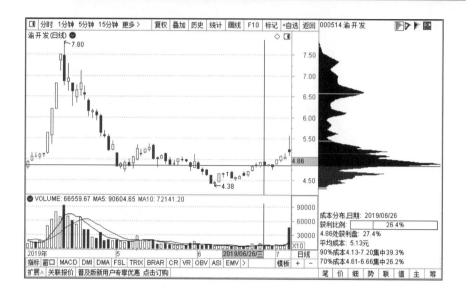

圖5-24　　渝開發2019年6月26日的籌碼分布圖

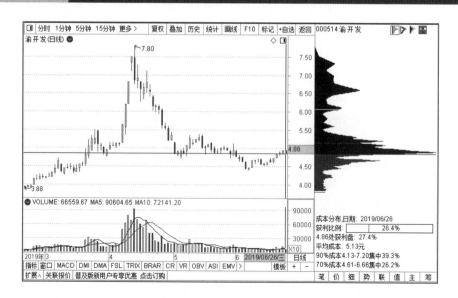

圖5-25　　渝開發2019年2月至2019年6月的籌碼分布圖

圖5-26 航太發展2019年9月5日的籌碼分布圖

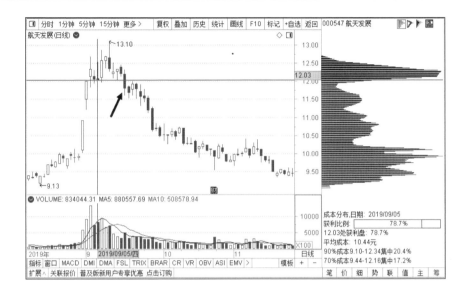

圖5-26是航太發展2019年9月5日的籌碼分布圖。從籌碼分布圖來看，雖然在整個上升途中有大量籌碼分布，但在高位區匯聚較多籌碼，因此個股在高位區出現籌碼峰。

次日，個股以大陽線向上突破，但無力維持突破走勢，隨後於2019年9月12日在盤中出現下跌走勢，長長的大陰線向下突破這個高位籌碼密集區。這種形態預示價格走勢將反轉，是賣出訊號。

🌱 5.5.4 回檔後出現高低雙峰，代表主力持股數量多

在持續上漲的過程中，個股出現橫向震盪走勢。如果隨著震盪的持續，個股出現由震盪區的籌碼密集峰，和底部啟動區的籌碼密集峰組成的雙峰形態，則屬於回檔後的高低雙峰形態。這種形態代表主力的持股數量較多、能力較強，預示隨著整理走勢的結束，個股將步入升途。

圖5-27是神州信息2020年2月4日的籌碼分布圖。個股在震盪整理的過程中，出現回檔後的高低雙峰形態，預示漲勢的持續。在實際操作中，投資者可以在震盪區間逢低買進。

圖5-27	神州信息2020年2月4日的籌碼分布圖

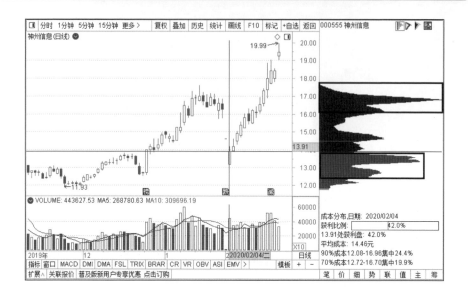

第 **6** 章

透過量能形態，
洞悉量價關係的奧祕

6.1

成交量會提前反映股價走勢

「量先價行」是指成交量可以提前反映股價走勢。不同的成交量形態往往會反映不同的市場訊息，成交量的市場含義絕不僅限於成交數量這個層面，深入解讀成交量的內在含義，有助於投資者認識並掌握它。

6.1.1 成交量的大小，展現多空交鋒力道

成交量的大小，直接表現多空雙方的交鋒力道。量能放大說明多空雙方交鋒激烈、市場分歧加劇；量能縮小說明多空雙方交鋒溫和、市場分歧減輕。對於同樣的價格走勢，若多空雙方的交鋒力道不同，蘊含的市場含義自然也不同。

圖6-1是海德股份2019年6月至8月的走勢圖。如圖中標注所示，在個股橫向整理的4個交易日裡，雖然股價走勢無太大波動，但同期的成交量大幅放出，說明看似平緩的價格走勢背後，隱藏著強烈的多空分歧。結合個股正處於短線暴漲後的高點來看，這是賣壓沉重、買盤無力繼續推升的標誌，也是預示即將出現大幅調整走勢的賣股訊號。

6.1.2 用股價與量能的各種關係，把握多空力量對比

將股價的漲跌、量能的縮放相互結合，可以透過量價關係掌握買賣盤的進場力道、多空雙方力量對比情況等資訊。

當股價上漲時，若成交量沒有明顯放大，說明少量的買盤可以推高股價，是多方力量較強的標誌，也是其占據主導地位的訊號。當股價上漲時，

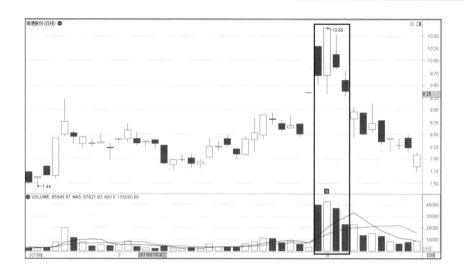

圖6-1　海德股份2019年6月至8月的走勢圖

若成交量放大或明顯放大，一方面說明買盤進場力道較強，另一方面說明賣壓依然很重。

　　當股價大幅下跌時，若成交量沒有明顯放大，說明少量的賣盤拋出可以使股價大幅降低；當股價下跌時，若成交量放大或明顯放大，一方面說明空方賣壓重，另一方面說明有大量買盤積極湧入。

　　下頁圖6-2是哈工智能2019年8月至11月的走勢圖。如圖中標注所示，在個股上漲的3個交易日裡（期間出現一根小陰線），儘管個股以大陽線的方式上漲，氣勢如虹，量能卻越放越大，幾乎為天量，這說明個股的上漲導致巨量賣盤湧出，而且隨著股價升高，賣壓也在增強。

　　換個角度來看，如此大的量能代表只有買盤進場力道較強，才能抵擋賣盤並推升股價，但這種力道難以維持，一旦買盤進場力道減弱，個股勢必會出現短線調整走勢。

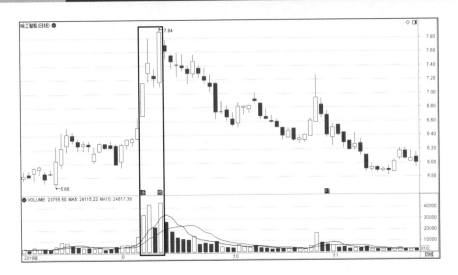

圖6-2　哈工智能2019年8月至11月的走勢圖

🌱 6.1.3 量能的大小，反映出市場賣壓的強弱

交易是雙向的，市場賣壓的大小預示股價的短線波動方向，特別是在典型的位置，例如：盤整後的方向選擇點、快速下跌後的短線低點、上漲後的短線高點等。在結合價格走勢的背景下，看看當日的量能大小或局部的量能大小，就可以大致了解當前的市場賣壓程度。

這種賣壓可能與主力出貨行為有關，也可能與獲利賣出意願強弱有關，但無論如何，在賣壓沉重的狀態下，個股易跌難漲。投資者利用成交量掌握市場的賣壓情況，可以更好地規避風險、保護本金。

圖6-3是東北製藥2019年8月至11月的走勢圖（1）。在圖中標注的時間點（2019年8月28日），個股在盤中跳空上漲，但收盤時股價回落幅度較大，進而呈現上影線形態。個股當日仍處於上漲狀態，而且未回補跳空缺口，似乎是有效的突破。

不過，結合當日量能明顯放大的情況來看，當日的盤中回落源於獲利大量離場。可以說，個股在向上突破時遇到沉重的賣壓，使股價下跌，在這種情形下，個股短線易跌難漲。

圖6-3	東北製藥2019年8月至11月的走勢圖（1）

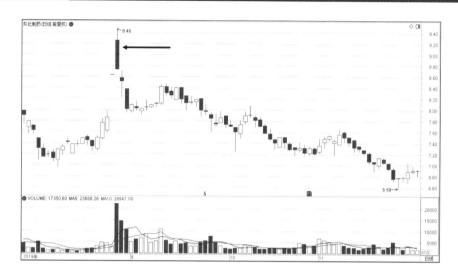

6.1.4 想分析股價趨勢運行情況？可用成交量

　　成交量既可以預示個股短線漲跌情況，也可用於分析中長線的趨勢運行情況。量價分析的本質是分析動力與方向，其中成交量是動力，價格走勢是方向。成交量決定個股漲跌的力量，而價格走勢是反映成交量。

　　根據量價分析的原理，股價上漲應伴隨成交量放大。在牛市中，股價的上漲常常伴隨成交量的放大，股價回檔時成交量隨之減小；在熊市中，由於買盤遲遲不進場，因此只須少量賣盤就可以持續促使股價下跌，因此縮量下跌是熊市的主要特徵。**急速下跌之後，會出現恐慌性賣盤及抄底盤，所以成交量會顯著放大，這通常是階段性底部的訊號。**

　　圖6-4是東北製藥2019年8月至11月的走勢圖（2）。在個股下跌的過程中，可以看到量能持續萎縮。縮量是下跌趨勢的主要特徵，只要價格走勢無法長時間站穩、縮量下跌形態沒被打破，跌勢便難以見底。在實際操作中，投資者不可過早抄底進場。

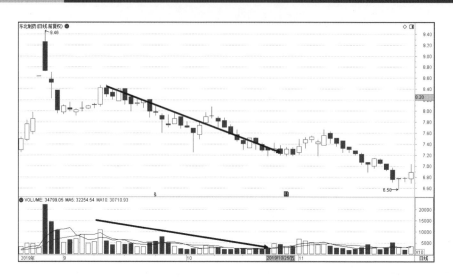

圖6-4　東北製藥2019年8月至11月的走勢圖（2）

🌱 6.1.5 透過成交量的縮放，分析個股籌碼鎖定度

結合個股走勢及市場運行情況，投資者還可以透過成交量的縮放，分析個股的籌碼鎖定度。一般來說，**在低位區或上漲啟動初期，籌碼鎖定度高，意味著主力持股數量多，後期看漲；在高位區或下跌破位初期，籌碼鎖定度高意味著主力仍未大量出貨，此時應提防股價下跌的風險。**

圖6-5是建投能源2018年10月至2019年5月的走勢圖。個股以圖中標注的後一根量柱對應的陽線，實現突破上漲，雖然當日的量能有所放大，卻遠小於此前上漲時的量能，更小的量能代表更低的換手率和更高的籌碼鎖定度。

這種成交量形態，表示因為之前的回落走勢、緩慢攀升走勢，主力手中已掌握更多籌碼。由於此時個股剛步入漲勢，因此隨著籌碼鎖定度的提高，個股後期仍有充足的上漲空間。

圖6-5 建投能源2018年10月至2019年5月的走勢圖

6.2

放量、縮量直接呈現
主力買賣行為

　　雖然成交量形態種類繁多，但都是放量與縮量兩種基本形態的變形，放量與縮量也是主力行為最直接的表現。投資者只要理解放量與縮量的市場含義，就可以正確解讀各種成交量形態蘊含的市場含義。

　　本節將結合主力常見的買賣方式，介紹如何利用常見的成交量形態預測股價走勢。

6.2.1 放量與縮量都是相對的概念

　　放量是指成交量放大，當投資者運用放量這個概念時，一定要指出是哪一段時間相對於哪一段時間出現放量，因為採取不同的比照標準時，會得到完全不同的結論。

　　舉例來說，個股在這一波上漲中成交量持續放大，我們可以說它放量，但如果把這一波上漲中的成交量，與前一波上漲中的成交量進行對比，很可能是相對縮量（即成交量相對縮小）。

　　在使用放量時，若沒有特別指定，就是指這一段時間的成交量，相較於前一段時間的成交量來說放大了。

　　圖6-6是盛達資源2019年11月至12月的走勢圖。如圖中標注所示，個股在一波上漲中出現放量形態，這裡說的放量是指這一波上漲中的成交量，相較於前一段時間的均量來說放大了。

圖6-6	盛達資源2019年11月至12月的走勢圖

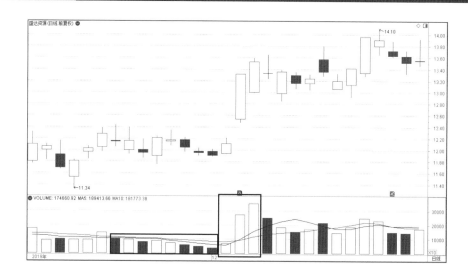

6.2.2 脈衝式放量上漲出現在短線高點，引發大幅回落

　　脈衝式放量是指成交量在一、兩日內突然放大，而且放量效果十分明顯。這一、兩日的成交量遠遠超過之前的均量，但在這一、兩日之後，成交量又突然恢復為之前的均量水準。

　　一般來說，成交量的放大或縮小，是一個逐步變化的過程。但脈衝式放量完全不同，它是成交量一次脈衝式躍動，突然放大又突然恢復如初，成交量明顯異動。

　　對於消息面來說，如果公司突然發布利多或有重大事件發生，股票走勢多呈現縮量漲停板的形式。個股在明顯利多之下卻無法漲停，雖然買盤推升股價，卻湧出大量賣盤，市場分歧過於劇烈，而個股又處於短線高點，因此隨後在買盤無法持續增加的情況下，股價難有較好的表現。

　　出現脈衝式放量往往與主力的大力賣出行為有關，這是脈衝式放量上漲。藉由主力的大力賣出，個股放出天量，且股價出現在突破位置點，主力則在這個過程中，基於良好的追漲氛圍而賣出持股，因此**當脈衝式放量上漲**

圖6-7　*ST天首2019年10月至2020年2月的走勢圖

形態出現在短線高點時，常會引發較大幅度的回落。

　　主力的大力賣出行為既可以是階段性高賣低買式出貨，也可以是總體性出貨。無論是局部出貨還是總體性出貨，隨著主力的大力賣出，股價都會呈現疲乏的下跌走勢。

　　經由分析前面幾種價格上漲時的放量形態，我們發現出現脈衝式放量時，大多預示短期上漲行情結束，隨之而來的可能是趨勢反轉，也可能是一波上漲後的回檔。這要結合具體的市場走勢與環境等因素做綜合分析。

　　圖6-7是*ST天首2019年10月至2020年2月的走勢圖。2019年12月23日，個股處於盤整後的突破位置點，當日量能明顯放大，次日又突然恢復如初。這就是脈衝式放量上漲形態，出現在階段的高點時，通常與主力的大力出貨行為、大力減碼行為有關，也預示個股隨後難以成功突破。在實際操作中，投資者應短線賣出，不宜追漲進場。

6.2.3 連續性放量出現在低位區，與主力建立部位有關

　　連續性放量也稱作堆量，是指成交量在數個交易日，甚至數十個交易日

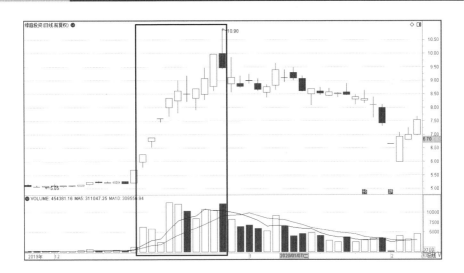

圖6-8 綠庭投資2019年11月至2020年2月的走勢圖

中，持續大幅放出的形態，放量時的成交量大小與放量前的成交量大小，形成鮮明的對比。一般來說，這種成交量形態經常出現在低位區和上升途中，**出現在低位區的連續性放量，通常與主力的進貨行為有關，而出現在上升途中的連續性放量，則往往與主力大力出貨有關。**

圖6-8是綠庭投資2019年11月至2020年2月的走勢圖。個股在一波上漲走勢中，出現連續性放量形態，這一波上漲獨立於大盤、幅度較大，且放量效果明顯。這與主力大力出貨的行為有關，而且在隨後的高點處有較強的出貨意願。

一般來說，當成交量在隨後的高點處縮小時，個股往往出現中短線大幅調整走勢，投資者應賣股離場，以規避風險。

6.2.4 縮量式向上穿越走勢，表示主力參與能力強

一檔股票的市場流通籌碼有限，主力手中掌握的籌碼越多，意味著散戶手中的籌碼越少。市場浮額最大的特點是穩定性差，特別是在個股上穿解套區或短線大漲之後，由於散戶有較強的解套離場、獲利賣出的意願，因此若市場浮額較多，個股大多會出現顯著的放量形態。

圖6-9	長江傳媒2019年11月至2020年1月的走勢圖

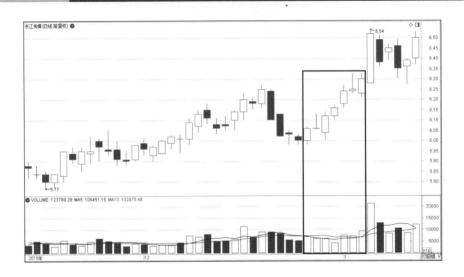

　　結合這項特點來看，**縮量式整理及穿越走勢常常與主力參與能力較強有關，這是投資者在實戰中可以特別關注的資訊。**

　　圖6-9是長江傳媒2019年11月至2020年1月的走勢圖。如圖中標注所示，在個股向上穿越之前的震盪區的過程中，量能並未放大，結合之前震盪過程中的量能來看，屬於縮量式向上穿越走勢，表示該股有主力參與，且能力較強。當前個股短線漲幅較小，僅以連續小陽線的方式向上運行，其後續仍有不錯的上漲空間。在實際操作中，投資者可以積極進場買股。

6.3

葛蘭碧 8 大法則，
讓你認識 8 種量價關係

　　學習量價關係時，可以從投資專家葛蘭碧（Joseph E. Granville）總結的8種量價關係入手。這8種量價關係實用性強、簡單易懂，被稱為經典的量價關係，能幫助投資者構築量價知識體系。

6.3.1 當「量價齊升」，多方力量主導盤勢

　　價升量升也稱作量價齊升，是指隨著價格不斷攀升，成交量不斷放大。當一波上漲走勢使價格創出新高時，這一波上漲走勢中產生的成交量也會同步創出新高。

　　這種量價關係大多出現在上升趨勢運行過程中，是買盤進場力道不斷增強、多方力量占據主導地位的標誌，也是漲勢仍將持續下去的訊號。在漲勢啟動之後，若出現這種量價關係，可以逢股價的短線回落低點擇機買進。

　　下頁圖6-10是蘭生股份2019年1月至4月的走勢圖。個股自長期盤整區開始突破向上，可以看到明顯的價升量升形態。投資者發現這種量價關係後，如果個股短線漲幅不大，可以追漲進場。

　　此外，還可以等其出現大幅（幅度為20%左右）調整走勢後再買進，因為這種量價關係是趨勢上漲的可靠保證，個股一般不會一次漲到頂，在充分回檔之後，第二波上漲往往更為強勢。

6.3.2 當「價量背離」，買盤進場力道減弱

　　價量背離形態是指在上漲走勢中，價格在一波上漲中創出新高，成交量

圖6-10	蘭生股份2019年1月至4月的走勢圖

圖6-11	上升趨勢中，量價背離的標準形態

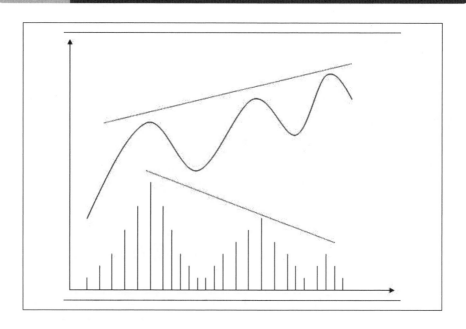

圖6-12　茂業商業2019年3月至5月的走勢圖

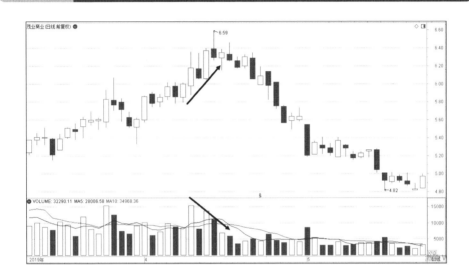

卻沒有創出新高，即這一波上漲中的成交量小於前一波上漲中的成交量。這種量價關係是買盤進場力道減弱的表現，常出現在個股累計漲幅較大的位置區，預示漲勢將見頂。圖6-11所示為量價背離的標準形態。

6.3.3 當「價升量減」，顯示失去量能支撐

價升量減形態是指在一波上漲走勢中，成交量在上漲波段剛開始的一、兩個交易日中最大，之後隨著個股上漲，成交量卻不斷縮小，呈現價越漲、量越縮的變化方式。

在一波上漲走勢中，正常的局部量價關係是放量上漲，但價升量減的量價關係打破這種常態，表明隨著股價上漲，買盤越來越少，而沒有量能支撐的上漲，無法使個股在短線高點站穩。當量能大幅縮小時，這一波上漲走勢將宣告結束，隨之而來的是一波大幅下跌走勢。

圖6-12是茂業商業2019年3月至5月的走勢圖。在個股一波上漲走勢中，可以看到成交量隨著股價上漲而逐步縮減，這就是價升量減形態。這時的量能無法支撐個股站穩短線高點，在實際操作中，應短線賣出。

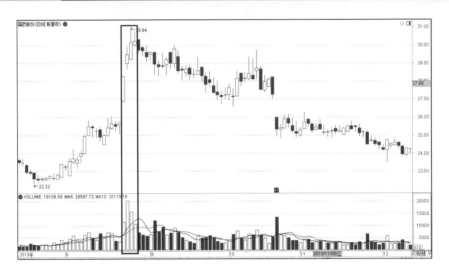

圖6-13　　國藥股份2019年7月至12月的走勢圖

🌱 6.3.4 當「量價井噴」，多方力量過度釋放

量價井噴形態是指成交量連續大幅度放出，放量效果十分明顯，且同期的價格走勢急速上漲。這種量價形態大多出現在高位區的創新高走勢中，給投資者的直覺是該股上漲勢頭迅速，**殊不知量能過度放大、價格急速上漲，也預示多方力量在短期內將釋放過度，代表中短期上攻走勢結束，隨後將出現大幅調整行情。**

圖6-13是國藥股份2019年7月至12月的走勢圖。該股在突破盤整區後的一波上漲走勢中，出現量價井噴形態。從圖中可以看到，這一波上漲走勢非常迅速，成交量放大的效果十分明顯。

在這一波上漲走勢後，一旦價格滯漲，成交量開始快速縮小，通常預示主力開始全面出貨，個股的中期頭部將出現，此時應當及時賣股離場。

🌱 6.3.5 當「堆量滯漲」，短線上漲達到局部高點

堆量滯漲形態是指在一波短線上漲走勢後的局部高點，個股的量能連續

圖6-14　**置信電氣2019年11月至2020年2月的走勢圖**

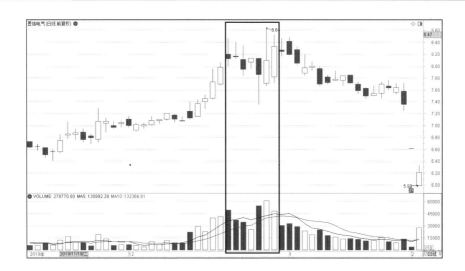

數個交易日保持明顯的放大形態，但此時股價沒有在量能的幫助下快速上漲，反而呈現明顯的滯漲狀態。

　　這是一種常見的量價形態，大多預示個股短期內將出現大幅下跌走勢。在堆量滯漲形態中，如果異常放大的量能源於市場的一般交易，而非主力的大力出貨，說明此時個股的賣壓沉重，即使大量買盤進場，也無法有效促使個股快速上漲，一旦買盤進場力道減弱，自然形成一波下跌走勢。若異常放大的量能是主力大力出貨所致，這種量價形態同樣是看跌訊號。

　　圖6-14是置信電氣2019年11月至2020年2月的走勢圖。在短期高點，個股出現明顯的堆量滯漲形態，這是短期內個股市場賣壓沉重的表現，也是短期內個股將出現大幅下跌走勢的訊號。在實際操作中，此時適合賣股離場，以規避短線下跌風險。

6.3.6 當「二次探低縮量」，
　　　　個股止跌出現中長期底部

　　二次探低縮量形態是指在橫向寬幅震盪走勢中，當個股第二次探至階段性低點時的成交量，明顯小於第一次探至此位置時的成交量。

| 圖6-15 | 凱盛科技2019年4月至7月的走勢圖 |

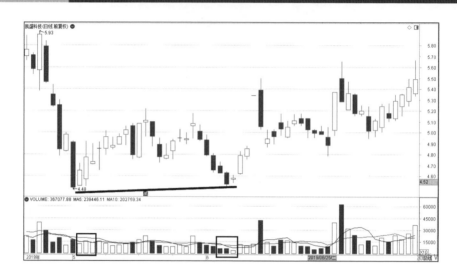

當這種二次探低縮量形態，**出現在上升途中的寬幅震盪走勢時，是個股將在高位區維持震盪走勢、短期內難以破位下跌的訊號**，也可以作為短線進場買股、把握反彈行情的訊號。當這種二次探低縮量形態**出現於長期下跌後的低位震盪區時，是空方力量減弱、個股跌勢結束的訊號**，此時預示中長期底部將出現，是投資者中長線進場買股的訊號。

圖6-15是凱盛科技2019年4月至7月的走勢圖。個股在中長期的低位區出現震盪走勢，如圖中標注所示，當個股第二次探至低點時，成交量明顯小於第一次探至此位置時的成交量，這就是二次探低縮量形態。這種量價關係是空方力量已無力再度出貨的訊號，預示底部將出現，此時應及時進行中長線的買股布局操作。

與二次探低縮量形態相似的是三次探低縮量形態，是指在震盪走勢中，當個股第三次下探至震盪區的低點時，出現明顯的縮量形態。這同樣是個股短期內將出現反彈上漲行情的訊號。

🌱 6.3.7 當「低位放量下跌」，恐慌性賣盤出盡

低位放量下跌形態是指在大幅下跌後的低位區，個股再度出現一波跌幅

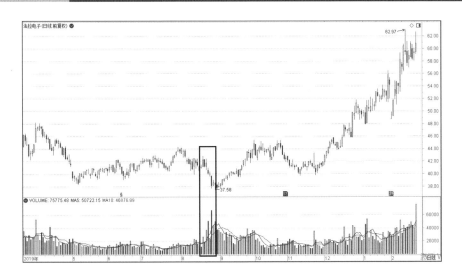

圖6-16　法拉電子2019年3月至2020年2月的走勢圖

較大、跌速較快的下跌走勢，而且在這波下跌走勢中，成交量明顯放大。

　　在價格下跌一段時間後，會出現恐慌性賣盤。隨著成交量日益增加，價格大幅下跌，當拋出恐慌性賣盤後，預期價格可能上漲，同時因為拋出恐慌性賣盤後創的低價，不可能在極短的時間內被跌破，因此往往表示空頭市場結束。

　　圖6-16是法拉電子2019年3月至2020年2月的走勢圖。該股在低位區先出現橫盤整理走勢，隨後再度破位下跌。值得注意的是，在這一波下跌中，成交量明顯放大，這是空方力量在低位區集中釋放的訊號，大多預示將出現底部。在中短線操作中，投資者可以積極買股布局。

6.3.8 當「高位放量跌破均線」，盤勢遭遇強勁壓力

　　高位放量跌破均線形態是指在持續上漲後的高位區，個股出現放量下跌走勢，並且股價跌破預示趨勢運行方向的中期均線MA30或MA60。

　　MA30和MA60是上升趨勢的支撐線。**在高位區的震盪走勢中，價格向下跌破移動平均線且成交量放大，是趨勢運行遭遇強壓力的訊號**。原有趨勢將被打破，而且會引發恐慌性拋售，而這只是一個開始，後續還有多少恐慌

圖6-17 克勞斯2018年12月至2019年5月的走勢圖

性賣盤，我們不得而知，但恐慌盤越多，股價跌幅就越深。

圖6-17是克勞斯2018年12月至2019年5月的走勢圖。圖中有4條均線，分別為MA5、MA10、MA20、MA30。如圖所示，該股在長期上漲後的高位區出現震盪滯漲走勢，隨後個股放量下跌並有效跌破MA30，這是中期趨勢反轉下跌的訊號。此時投資者應及時賣股離場，以規避風險。

這8種量價關係十分常見，大多是將它們應用在判斷局部走勢當中，同時投資者也要結合價格運動的大方向來操作，才能有效控制部位、明確操作方法。例如：堆量滯漲形態大多預示個股短期內將出現下跌走勢，如果出現在長期上漲後的高位震盪區，通常是將出現中期頭部的標誌，因此投資者隨後參與短線行情時，應注意控制部位，以規避高位風險。

6.4

解讀量價關係，
抓緊低買高賣的好時機

　　結合股價走勢的特徵，並配合一些量價關係，可以更精準把握低買高賣的時機。本節總結A股市場中常見的量價關係，它們有些可以預示短線的高低點，有些則代表主力的動向或預示個股的中線行情。

6.4.1 遞增式放量，股價上漲越快、短線回落越大

　　遞增式放量是指成交量逐級放大。在遞增式放量的過程中，可以看到後一個交易日的成交量，略大於前一交易日的成交量。一般來說，這只能持續數個交易日。遞增式放量通常與價格走勢沿某一方向快速發展有關，是買盤持續加速流入（遞增式放量與股價上漲同步出現），或賣盤持續加速拋售（遞增式放量與股價下跌同步出現）的表現。遞增式放量形態的成交量峰值所在的位置點，通常是個股短線走勢的反轉點，例如：當個股呈現遞增式放量形態上漲，當上漲至成交量無法再放大時，大多是短線最高點。

　　下頁圖6-18是臥龍電驅2019年10月至2020年1月的走勢圖。如圖中標注所示，個股在兩波上漲中都出現遞增式放量形態。股價伴隨這種成交量形態快速上漲，當成交量無法放大時，個股會出現或強或弱的短線回落走勢。通常，在遞增式放量過程中，股價上漲得越快，隨後的短線回落幅度越大。

6.4.2 次低位縮量，與主力買股後的鎖股操作有關

　　次低位是一個重要的位置區，要了解次低位，得先從低位談起。低位是指這檔股票經過長期下跌之後，跌到前期高點50%以下的位置，有時甚至跌

圖6-18　　臥龍電驅2019年10月至2020年1月的走勢圖

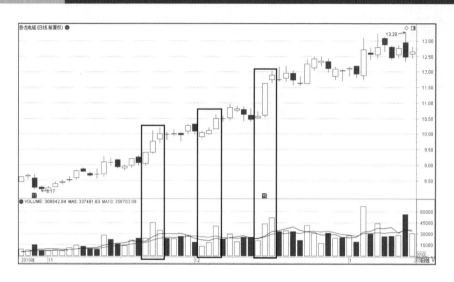

到80%左右的位置。次低位是指股價經過大幅下跌後，到達低位即近期的最低點，隨後出現一波反彈走勢，並到達比近期最低價格高20%～30%的價格所在位置。這個位置從中長線來看是比較低的位置，但是從短線來看又是相對高位，因此**判定次低位是以中線為前提**。

一般來說，在次低位出現縮量形態與主力資金積極進貨後的鎖股行為有關。正是主力此前大力進貨，才使個股在這個次低位平台區出現縮量整理形態。次低位平台的縮量效果越顯著，表明主力之前的進貨力道越強，個股後期的中短線上漲空間越可觀。

圖6-19是龍溪股份2019年4月至10月的走勢圖。如圖中標注所示，個股出現次低位縮量形態，這種量價關係，預示個股隨後的中短線上漲走勢較強勁。

該股走勢相對於次低位形成前的一波上漲走勢來說，次低位橫盤整理時的縮量效果顯著。由於主力在前一波上漲中積極建立持股，使不少投資者受限於反彈思維而賣出籌碼，主力則大量買進，個股因此出現一波放量上漲走勢。隨後主力進貨力道減弱，股價出現滯漲形態。此時雖然上漲乏力，卻沒有導致更多賣盤湧出，意味著空方力量已得到有效釋放，個股即將結束跌勢、步入止跌站穩走勢。**投資者可以把這種次低位縮量形態看作是主力能力較強，個股中期走勢看好的訊號**。

圖6-19　　龍溪股份2019年4月至10月的走勢圖

6.4.3 震盪區整體縮量，代表主力能力較強

　　震盪走勢會引發明顯的多空分歧，若個股在震盪區的量能，沒有隨著股價的波動呈現忽大忽小的變化，而是呈現整體縮量，通常代表主力較強。結合個股當前所處的位置區間，可以做出買賣決策。

　　整體縮量是指，當股價隨著一波上漲而漲至震盪區高點時，量能未見放大，仍舊呈現相對縮量；當股價隨著一波回落而跌至震盪區低點時，量能可能會萎縮得更明顯。若不看個股的震盪走勢，僅看量能的變化情況，會發現此期間的量能沒有明顯放大，而是整體呈現縮量。

　　圖6-20是益佰製藥2019年8月至2020年2月的走勢圖。如圖中標注所示，即使股價反彈至震盪區高點，並在盤中上穿震盪區，量能依舊萎縮，這就是震盪區整體縮量形態。再結合個股處於中長期的低位區來看，這種形態代表個股後期上漲空間充足，是買進訊號。在實際操作中，可以逢個股震盪時的回檔低點，積極買股布局。

6.4.4 低位整理區極度縮量，顯示主力參與力道強

　　縮量形態經常被認為是多空雙方交鋒趨於溫和的表現，很多投資者秉持

圖6-20　　益佰製藥2019年8月至2020年2月的走勢圖

著「無量就無行情」的觀點，因此不重視縮量形態。其實，只要注意觀察、善於分析，同樣可以從縮量形態中獲取豐富的市場訊息，其中最重要的資訊，是關於主力參與力道及持股情況的資訊。

　　有一種極度縮量形態是指縮量之後再縮量。**結合股價走勢來分析極度縮量形態，往往可以更加了解主力的能力、預測個股的後期走勢。**

　　圖6-21是神奇製藥2019年8月至2020年2月的走勢圖。個股在低位區的震盪過程中，出現持續多個交易日的極度縮量形態。在低位區整體縮量的背景下，這3個交易日的極度縮量形態看似不醒目，卻表明該股的主力參與力道較強，市場流通籌碼較少。

　　結合個股正處於中長期低位區的情況，可以預測在主力的積極參與之下，個股隨後的中長線上漲空間依然很大，投資者可以買股布局。

🌱 6.4.5 大買盤連續進場抵抗拋售，即使利空也不暴跌

　　當股市出現系統性風險或個股突然發布利空公告時，個股可能沒有像預期那樣快速下跌，而且因為大買盤的連續進場，而止住大量湧出的賣盤。但明顯的多空分歧，會導致股價大幅波動、量能放大，這是抵抗下跌式巨量震

圖6-21　神奇製藥2019年8月至2020年2月的走勢圖

圖6-21　神奇製藥2019年8月至2020年2月的走勢圖

盪的形態。

　　這種量價關係不是主力能力強、上漲動能充足的訊號，這種抵抗下跌式巨量震盪形態常常出現在滯漲股中。但是綜合來看，這類個股在經過抵抗下跌式巨量震盪之後，隨後的走勢都明顯弱於大盤，因此是賣出訊號。

　　圖6-22是金楓酒業2019年8月至12月的走勢圖。如圖中標注所示，在同期大盤下跌的背景下，個股上下波動且放出大量，這是抵抗下跌式巨量震盪形態。此時，投資者應逢盤中高點賣出，這種放量式抗跌走勢只是暫時的，一旦買盤進場力道減弱，個股隨後的走勢往往會呈現「補跌」格局。

6.4.6　漲停板脈衝式放量，有從高點快速轉向的風險

　　脈衝式放量中，有一種較特殊的類型，那就是漲停板脈衝式放量。

　　除了脈衝式放量的量能特徵之外，在分時圖上，漲停板脈衝式放量還有兩種表現方式。一是個股當日以漲停收盤；二是個股盤中漲停，但隨後打開，收盤時並未漲停。雖然盤面形態不同，但兩者的市場含義相近，且都出現在短線高點，也都預示個股漲至高點後快速轉向的風險。當日放量效果越明顯，個股的短線回落速度越快、下跌空間越大。

圖6-22　金楓酒業2019年8月至12月的走勢圖

　　圖6-23是東方明珠2020年1月20日的分時圖。個股當日收漲停板，但隨後打開漲停，在日K線圖上個股一舉突破盤整震盪區，上漲空間似乎已打開。從量能來看，當日的量能放得過大，次日量能又大幅萎縮，是典型的漲停板脈衝式放量形態。

　　雖然個股當日曾出現漲停板，但不是追價買進的訊號。結合脈衝式放量的市場含義來看，主力正在積極出貨，而當日的天量也與主力的大力出貨行為有關。在實際操作中，此時是賣股時機而非追漲買進時機。

　　圖6-24是華銀電力2019年7月1日的分時圖。個股當日在盤中反覆打開漲停板，正處於加速飆漲，是個股上漲過程中的第二個漲停板。個股次日收於陰線，隨後第三日的量能又大幅萎縮，表示當日漲停板具有脈衝式放量的市場含義，個股不具備連續上漲的動力，是短線賣出的訊號。

6.4.7 連續放量後爆天量，表明短線上漲已到盡頭

　　短線黑馬股快速上漲，通常伴隨著量能大幅放出。起初放量較平均，個股呈現連續放量上漲的形態，股價也加速上揚，這時可以持股待漲，不必太早獲利離場。但是，一旦個股在連續放量的背景下放出天量，就表示短線上漲已到盡頭，個股很難再有更充足的上漲動力，即將出現短線回落走勢。

圖6-23　東方明珠2020年1月20日的分時圖

圖6-24　華銀電力2019年7月1日的分時圖

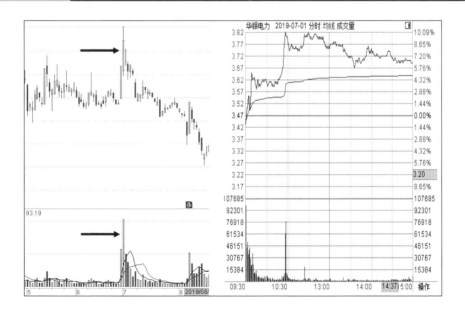

圖6-25　江中藥業2019年9月至12月的走勢圖

　　圖6-25是江中藥業2019年9月至12月的走勢圖。個股先出現一波連續放量式的快速上漲走勢，而且這些交易日的放量較平均，只要這種量價關係未被破壞，就可以短線持股待漲。

　　隨後個股在連續放量的背景下，突然放出天量，這是短線的最高點，應果斷賣出。因為在連續放量的背景下，所放出天量的形態不具有持續性，只能成為脈衝式放量形態。在實際操作中，放出天量的當日應逢盤中高點賣出，若當日未能及時賣出，應於次日尋找盤中高點擇機賣出。

第 **7** 章

活用 5 種技術分析，
讓股市成為你的提款機

7.1 關注「移動平均線」，抓住密集峰的變化

7.1.1 突破後回測均線和籌碼密集峰，啟動上漲行情

個股在上升過程中出現橫向震盪走勢，此時MA30雖然變得平緩，但仍向上。個股運行於MA30上方，由於震盪時間較長，所以在此區間形成籌碼密集峰，此時個股先向上突破密集峰，隨後因為獲利盤拋售，再度回測至MA30及籌碼密集峰的位置。這個位置是起漲前的回升確認點，也是個股啟動一輪上攻行情的地方。

圖7-1是生益科技2019年6月26日的籌碼分布圖。此時個股因為長期盤整而呈現籌碼密集形態，隨後個股突破上漲，後來再度回測MA30和籌碼密集峰，此時是中短線進場買股的最佳時機。

MA30穩步上漲，說明多方力量依舊占據主導地位。密集峰的形成及隨後的突破，說明個股即將上漲。之後的回檔確認上攻行情的啟動點，是起漲前獲利籌碼離場的過程。

7.1.2 高點橫向盤整時出現長陰線，是短線反轉訊號

個股一波上漲使股價向上遠離MA30，並在相對高點出現橫向整理走勢。由於交易活絡，此位置匯聚大量籌碼，形成一個短期高點籌碼密集峰。此期間出現的長陰線是短線反轉訊號，預示空方力量開始占據主導地位，密集峰有可能成為套牢峰。

圖7-2是長城電工2019年4月23日的籌碼分布圖。個股因為短期高點橫向

圖7-1　生益科技2019年6月26日的籌碼分布圖

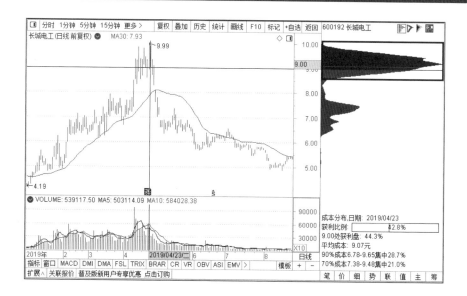

圖7-2　長城電工2019年4月23日的籌碼分布圖

震盪，形成一個鮮明的籌碼密集峰，並於2019年4月23日出現長陰線，這根長陰線正好位於高位密集峰處，說明空方力量較強。而且此時股價離MA30較遠，由於股價遠離MA30之後，有再度接近甚至反向穿越MA30的傾向，因此這是賣出訊號。

在實際操作中，投資者應注意股價與MA30的「聚合─分離」特性。這種特性是指，在股價波動的過程中，當股價因為快速上漲或下跌而遠離MA30時，會有較強的反向作用力，使其向MA30靠攏。

🌱 7.1.3 高位峰長影線盤中破均線，預示空方力道加強

個股在高位區橫向震盪形成籌碼密集峰，此時股價滯漲。在隨後的某個交易日中，股價在盤中大幅下跌並向下跌破MA30，收盤時股價回升且站於MA30之上，這就是高位峰長影線盤中跌破均線形態。它的出現預示空方力量正逐步加強，雖然多方暫時穩住局面，但個股隨後跌破盤整區的機率極大。在實際操作中出現這種形態時，投資者隨後應逢震盪高點賣股離場。

圖7-3是金種子酒2019年9月27日的籌碼分布圖。個股在高位區出現高位峰長影線盤中跌破均線的形態。此時籌碼也匯聚於高位區，雖然不是單峰形態，但也匯聚60%的流通籌碼，屬於有操作價值的籌碼密集峰。

對該股來說，由於盤中跌破MA30，因此多方力量仍較強。在實際操作中，隨後應該逢多方買進，於股價反彈時賣出。

🌱 7.1.4 快速遠離 MA5 出現單日密集峰，是主力出貨訊號

穩健的上漲應該是股價依附於MA5向上運行。當個股漲速過快，使收盤價向上遠離MA5時，由於短線獲利賣壓加重，個股容易出現下跌走勢。此時如果出現單日籌碼密集峰，通常是主力借助股價快速上漲，而產生追漲效應，這是主力出貨的訊號，持股者應及時獲利離場。

圖7-4是江蘇吳中2020年2月10日的籌碼分布圖。個股在連續漲停板之後出現單日籌碼密集形態，這是主力在高位出貨的訊號之一，而且此時股價遠離MA5，這兩個都是賣出訊號，在實際操作中應果斷賣出。

圖7-3 金種子酒2019年9月27日的籌碼分布圖

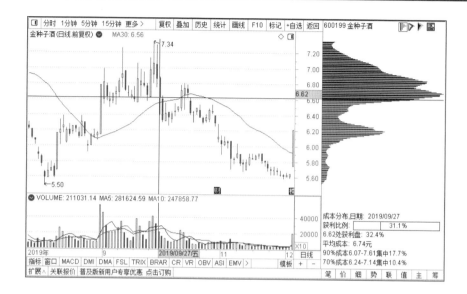

圖7-4 江蘇吳中2020年2月10日的籌碼分布圖

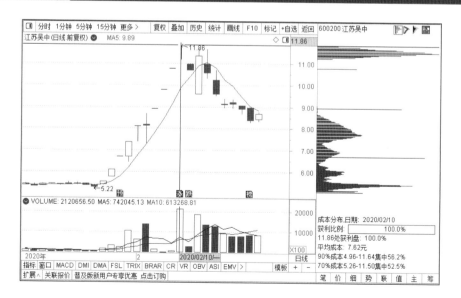

7.1.5 上漲後位於高位區，要觀察是築頂還是盤整

個股經過一輪上漲之後位於相對高位區，此時盤整走勢最為常見，它可能是築頂的訊號，也可能是中繼整理的訊號。利用均線的黏合形態及籌碼分布形態，可以幫助投資者做判斷。

如果均線呈現黏合形態（短期均線向下靠攏中期均線）且有向上的傾向，MA30對股價回落構成支撐，代表多方力量仍占據主導地位。如果盤整時間相對較長（達到1個月或以上），且仍有大量籌碼位於低位區，說明市場浮額依舊較少、主力能力依舊較強，個股隨後再度步入上升通道的機率極大。在實際操作中，可逢個股回落至MA30附近時進場買股。

圖7-5是ST昌九2019年1月31日的籌碼分布圖。個股在中期上漲之後，出現均線黏合向上的形態，經過震盪之後，仍有大量籌碼堆積於低位區，這種組合形態，預示此時的盤整走勢僅是中繼整理。在實際操作中，可逢個股短線回落時，進行中短線買股操作。

7.1.6 均線多頭、短線回落後，呈現單峰密集形態

在低位區，如果均線系統由纏繞形態轉變為多頭排列形態，代表買盤力量不斷增強、趨勢可能反轉向上。此時，一波短線回落使籌碼在這個位置匯聚，並呈現單峰密集形態，此形態表明籌碼換手充分，上漲壓力大幅減小，個股隨後步入漲勢的機率極大。在實際操作中，此短線回落的低點就是進場點。

圖7-6是深康佳A於2019年12月19日的籌碼分布圖。該股在低位區出現這種組合形態：首先是均線由纏繞形態轉變為多頭排列形態，隨後因為短線獲利離場，個股出現一波小幅度回落，並形成籌碼單峰密集形態。這個短線回落點是因為主力積蓄能量、獲利浮額離場所產生，是個股快速上攻行情的啟動點，也是絕佳的中短線買進點。

圖7-5 ST昌九2019年1月31日的籌碼分布圖

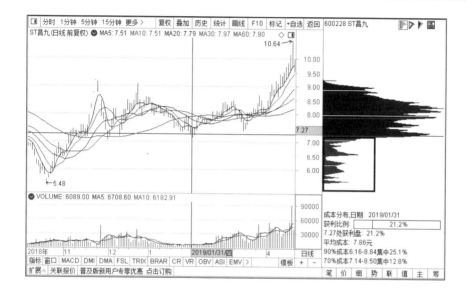

圖7-6 深康佳A於2019年12月19日的籌碼分布圖

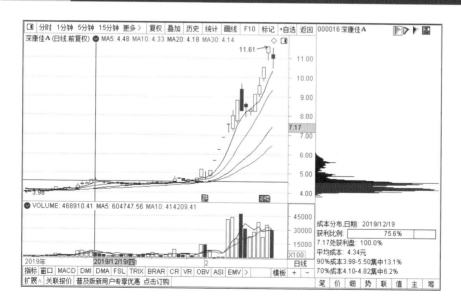

搭配各種「漲停板」搶賺，提高短線成功率

　　漲停板是短線實戰中，一種非常重要的形態。藉由漲停板，投資者可以更有目標地分析個股、把握機會，將漲停板與籌碼形態相互結合，進一步提升短線成功率。

　　本節將解說如何利用漲停板和籌碼形態的組合關係，進行實際操作。

7.2.1 漲停板出現的當日，會有大量籌碼轉移

　　漲停板買進是主力在大勢及個股題材較好的情況下，常用的一種手法。漲停板買進時的重要盤面資訊是：在漲停板出現的當日，會有大量籌碼發生轉移。從籌碼形態來看，在漲停板之前的一個交易日，與漲停板之後的一個交易日，籌碼形態發生較顯著的變化。

　　圖7-7是太龍藥業2020年1月17日的籌碼分布圖。在此之前，個股一直在低位區震盪，前期累計跌幅較大，低位區交易清淡，使籌碼由高位區向低位區轉移的速度較慢。股價處於低位，有上漲空間，個股此時需要相關的熱門題材及主力參與。

　　該股2020年1月20日的籌碼分布圖如圖7-8所示。因為物聯網題材較熱，個股以漲停開盤，由於突然漲停，主力手中沒有足夠的籌碼，因此該股在早盤階段反覆打開漲停板並大幅放量，如第202頁圖7-9所示。這時投資者需要正確分析漲停板放量的原因，究竟是主力趁漲停板賣股套現？還是主力借助漲停板加速買進？不妨利用籌碼形態做分析。

　　對比圖7-7和圖7-8可以看出，僅僅一個交易日，籌碼形態就發生巨大的變化。在當日漲停價位上，一部分籌碼上移，結合個股在低位區震盪時間

圖7-7 太龍藥業2020年1月17日的籌碼分布圖

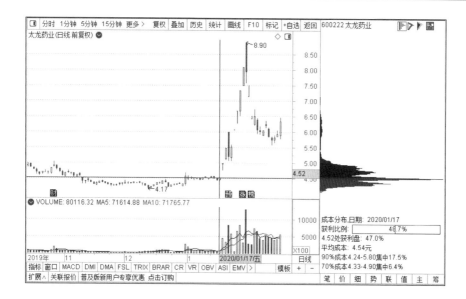

圖7-8 太龍醫藥2020年1月20日的籌碼分布圖

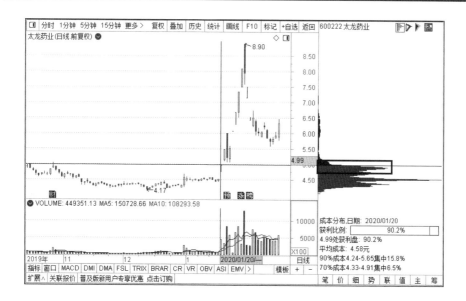

圖7-9　　太龍醫藥2020年1月20日的分時圖

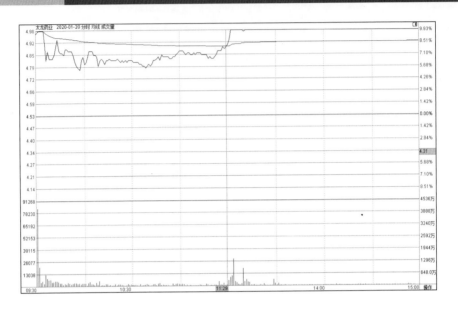

短、未形成單峰密集形態來看，主力手中沒有足夠的籌碼，而且當日漲停板時間不長，場外投資者的參與力道不強，再考慮到新型冠狀病毒疫情下的醫藥題材、價位因素等，認為這較有可能是主力漲停板進貨的標誌。

在實際操作中，若當日沒有追漲買進，那麼次日開盤後，只要不是開高很多，投資者可以及時短線買進，畢竟從中短線來看，個股的上攻走勢才剛開始，後續仍有充足的上漲空間。

7.2.2 中短線急跌後若有短底峰，股價走勢將反轉

短底峰是指個股在低位橫向震盪的時間很短（不超過半個月），卻使大量籌碼匯聚在這個位置區，進而形成密集峰。短底峰常出現在個股中短線急跌之後，預示股價走勢將反轉。

若個股以漲停板的方式向上突破短底峰，通常代表之前的低位震盪過程中，有主力資金參與。漲停板不僅是個股展開攻勢的訊號，也表現主力的進貨速度，預示個股有望步入上升通道。

圖7-10	國農科技2020年2月17日的籌碼分布圖

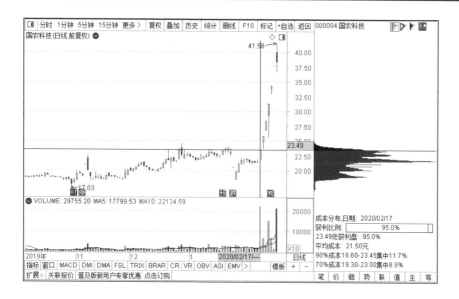

圖7-10是國農科技2020年2月17日的籌碼分布圖。在此之前，個股處於震盪整理走勢中，股價在低位經過2個交易日快速下跌後止跌，緩慢爬升9個交易日後，形成籌碼密集峰。到了2020年2月17日，個股以漲停板的方式向上突破密集峰，其後是4個連續漲停。

7.2.3 多次漲停上穿籌碼密集峰，表明上攻意願強

個股在上漲過程中出現橫向震盪走勢，進而形成籌碼密集峰。若期間個股多次（至少兩次）以漲停板的方式上穿籌碼密集峰，表示多方上攻意願較強，只是其力量仍在積蓄。隨著震盪走勢持續，多方力量積蓄完成之後，將出現新的一輪上攻行情。

圖7-11是深康佳A於2020年1月23日的籌碼分布圖。此時個股呈現單峰密集形態，說明此位置區的籌碼換手非常充分。這個位置區是否有新主力參與？買方主要是散戶嗎？投資者能否準確判斷這些問題，將直接影響隨後的實戰操作。

| 圖7-11 | 深康佳A於2020年1月23日的籌碼分布圖 |

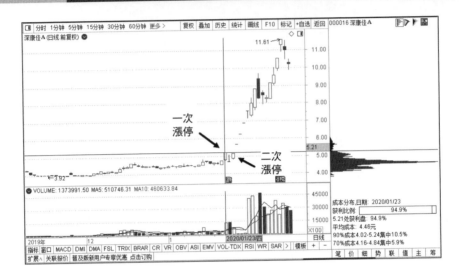

隨後，個股兩次以漲停板的方式上穿籌碼密集峰，而且在橫向震盪區的股價重心也略微上移。出現漲停板是主力積極參與該股的訊號，股價重心緩緩上移，則說明多方力量仍占據主導地位。

綜合來看，在這個位置區中，可能是新主力在進場，也可能是舊主力在加碼買進，個股隨後創出新高、再度步入漲勢的機率較大。在實際操作中，投資者可以在震盪區個股短線回檔後的低點進場買股。

🌱 7.2.4 連三個漲停板再上穿密集區，應緊跟主力步伐

連三個漲停板平台是指個股以連續3個漲停板上漲，隨後在相對高點橫向震盪，由此構築一個平台區。若連三個漲停板平台的構築時間較長，會使籌碼全部轉移至此區域，進而呈現單峰密集形態。以漲停板向上穿越這個單峰密集區，是主力資金參與意願較強的訊號，這類個股後期突破上漲的機率較大。

圖7-12是深科技2019年12月5日的籌碼分布圖。個股在連三個漲停板平台區呈現單峰密集形態，隨後受短線獲利影響，在連三個漲停板平台附近形

圖7-12　深科技2019年12月5日的籌碼分布圖

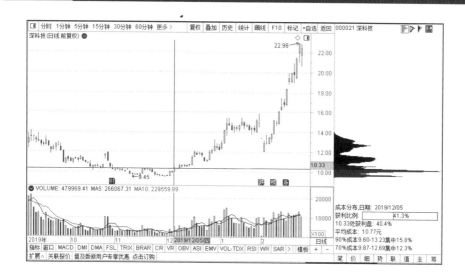

成一個長期震盪平台，並在震盪區形成籌碼單峰，這時是一個非常好的中短線進場買股時機。

出現連三個漲停板平台，代表主力資金參與該股的力道較強。雖然在平台區的震盪過程中，難以得知主力是否出貨，但此時出現的漲停板上穿籌碼密集區形態，給全體買進者獲利、解套離場的機會，若主力已出貨，個股難以具備這種以漲停板突破上漲的動力。因此出現漲停上穿密集區形態，表示主力仍處在其中。在實際操作中，投資者應緊跟主力的步伐。

🌱 7.2.5 若主力提高加碼力道，出現漲停三角買股走勢

漲停三角買股走勢是一種較特殊的形態，它與主力資金的進貨行為相關。個股首先以一個漲停板激發多空分歧，主力隨後借助多空分歧進行加碼，個股隨後出現小幅回落走勢，由於買盤仍占主導地位，因此股價一般不會跌至漲停板當日的開盤價以下。

這種漲停三角買股走勢，經常出現在主力有意加大買進力道，且持股數量較少的背景下，因此出現漲停三角買股走勢後，可以看到大量籌碼匯聚於此，而且低位區的漲停三角買股走勢，經常使個股的籌碼呈現單峰密集狀。

圖7-13　　康芝藥業2020年1月17日的籌碼分布圖

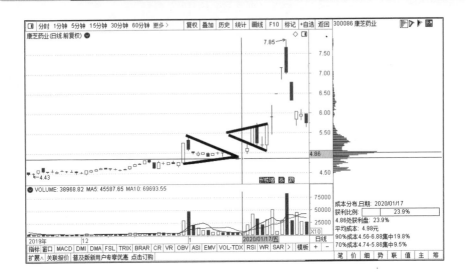

圖7-13是康芝藥業2020年1月17日的籌碼分布圖。該股在開啟上攻行情前，一共出現兩次漲停三角買股走勢，兩次都給投資者回檔買進的機會。

如圖中標注所示，第一次出現漲停三角買股走勢是在低位盤整之後，它可以啟動市場交易，為主力快速進貨創造條件，但畢竟股價漲幅較小，主力難以大力進貨。在此時的單峰密集形態中，主力雖然充當買方，但由於散戶的參與，主力買進的數量未必會很多。由於投資者積極進場會導致股價穩步上漲，因此漲停板之後短線回檔的低點，是中短線較佳的買股布局點。

圖7-14是康芝藥業2020年2月3日的籌碼分布圖。此時第二次出現漲停三角買股走勢。經過之前的漲停三角買股走勢，主力已買進一定的籌碼，所以此時籌碼由於市場浮額減少，沒有呈現單峰密集形態，但仍呈現籌碼密集形態，這也是主力仍在進貨的重要標誌。在此位置仍可以中長線買股布局。

7.2.6 當量能與籌碼變化有鮮明反差，得注意⋯⋯

籌碼的轉移速度不僅表現在量能的變化上，很多時候，投資者還可以借助量能變化與籌碼變化的鮮明反差，來分析個股、預測走勢，例如：當量能

圖7-14　康芝藥業2020年2月3日的籌碼分布圖

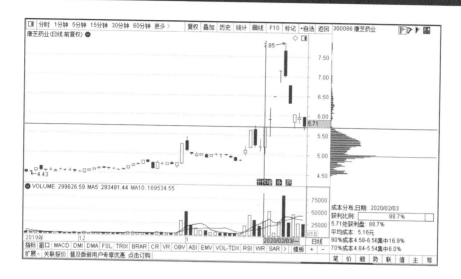

放較大，而籌碼的轉移速度較慢時，大多意味著這種放量只是盤面表象，沒有對個股的實際走勢產生重要影響，主力能力依舊較強，個股沿原有方向運行的機率也將大幅提高。

圖7-15是盛運環保2019年6月10日的籌碼分布圖。該股因為利多出現5個漲停板，有趨勢反轉的跡象。但是，在第5個漲停板之後，個股出現一波放量回落走勢。如果這種放量回落走勢與主力的出貨行為有關。

判斷這種放量回落走勢，是否與主力出貨行為有關的重要依據，是籌碼的轉移情況。如果大量籌碼由底部區轉移到回落低點，表示市場浮額多、主力能力不強，很可能借個股利多之機逢高出貨。

圖7-16是盛運環保2019年6月18日的籌碼分布圖。對比圖7-15可以看到，籌碼形態的變化很小，僅有一小部分籌碼轉移到回落時的低點。

形態鮮明的放量回落走勢、籌碼的慢速轉移，兩者似乎毫無關連，但恰好向我們展示該股的內在情況。即此時主力能力強，盤面的放量下跌走勢只是表象，大量籌碼仍在主力手中，而且該股有利多觸發，突破反攻行情才剛開始，所以此時的短線回落低點不是賣出點，而是中短線進場的絕佳位置。

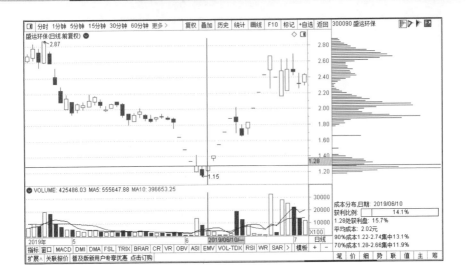

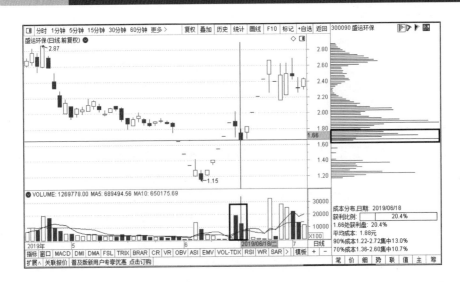

7.3

對照「放量」，分辨是買盤力道強或是市場浮額多

　　放量意味著多空雙方交鋒加劇，它通常是價格劇烈波動下的產物，而且放量也蘊含重要資訊，既可能是買盤進場力道強的訊號，也可能是市場浮額多的標誌。

　　在分析價格走勢的基礎上，將放量與籌碼形態相互結合，有助於投資者掌握股價的中短線運行軌跡。

7.3.1 遞增式放量穿越籌碼密集峰，有 2 種含義

　　遞增式放量是指量能逐級放大。當個股以遞增式放量的方式，向上穿越籌碼密集峰時，具有兩種市場含義。一是隨著量能不斷放大，賣壓越來越重，雖然買盤仍在推動股價上漲，但是若買盤力道減弱，沉重賣壓將引發股價回落。二是當股價突破籌碼密集峰時，密集峰的籌碼全部變為獲利，個股的短期獲利賣壓非常沉重，容易引發股價回落。

　　綜合上述兩種含意來看，出現這種形態後，個股將出現大幅調整走勢。

　　圖7-17是金通靈2019年12月9日的籌碼分布圖。如圖所示，個股因為橫向震盪走勢而形成籌碼密集峰。2019年12月9日之後的一波上漲走勢，使股價向上穿越這個籌碼密集峰，量能卻呈現遞增式放量形態，說明這次的突破只是暫時的，個股之後仍難以站穩於突破後的高點。

　　在實際操作中，持股者應及時賣出，場外投資者則應等待股價回落後再決定是否買進。

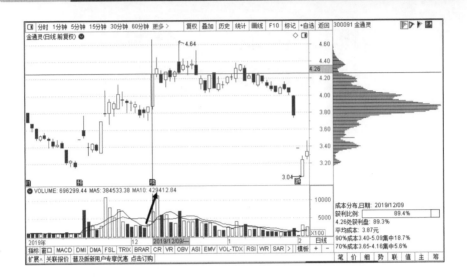

圖7-17　金通靈2019年12月9日的籌碼分布圖

🌱 7.3.2 放出天量衝擊歷史套牢峰，該怎麼操作？

　　歷史套牢峰的形成過程是：個股先呈現橫向震盪走勢，並形成籌碼密集峰。隨後股價向下跌破這個高位平台區，跌幅較大，並於低點站穩。此時，前期高位平台區的大部分套牢籌碼，在籌碼分布圖上已消失，但籌碼分布圖只是近似籌碼真實分布情況的寫照，而且若個股在低位區的整理時間較短，基於投資者大多不願在虧損狀態下離場的心理特徵，此時在原本的高位平台區仍有較多套牢盤，於是便形成一個歷史套牢峰。

　　天量衝擊歷史套牢峰是指個股在低位區站穩後，開啟新的一波上攻走勢，當股價漲至歷史套牢峰附近時，個股放出天量。天量的放出蘊含兩種資訊，一是主力可能有大量減碼、出貨的行為；二是歷史套牢峰的賣壓很沉重。這兩種資訊預示個股的短期上攻走勢將結束，隨之而來的是大幅調整走勢。一般來說，天量的放出效果越明顯，個股的回落幅度越大。

　　圖7-18是科新機電2019年6月21日的籌碼分布圖。此日之後，個股處於橫向震盪走勢中，並形成籌碼密集峰。隨後個股破位下跌、跌幅巨大，使之前的籌碼密集峰變為被套籌碼峰。

圖7-18　科新機電2019年6月21日的籌碼分布

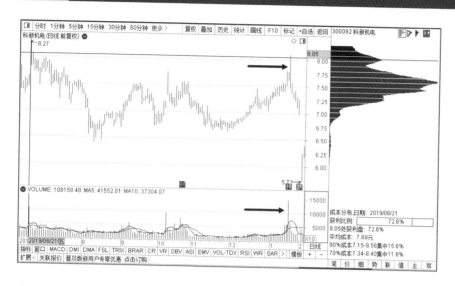

　　個股在低位站穩後向上進攻。如圖中標注所示，個股漲至前期的套牢籌碼峰附近時放出天量，這是個股短線上攻結束、反轉下跌的重要訊號。在實際操作中，應及時賣股離場，以迴避短線風險。

7.3.3 低峰突破點的連續放量攀升，是主力買股訊號

　　低峰突破點的連續性放量攀升，是主力資金進場的訊號。個股在低位區呈現籌碼密集形態，隨後在籌碼密集區的突破點，連續出現中小陽線，且成交量明顯放大，股價一舉突破低位籌碼密集峰。

　　圖7-19是金剛玻璃2019年8月13日的籌碼分布圖。如圖中標注所示，個股在低位區，出現突破低位密集峰時的連續性放量攀升形態，這是主力進場買股的訊號。

　　在低位區出現密集峰，是籌碼換手充分的標誌。若低位區震盪時間較短，則主力無法充分進貨。此時，個股出現連續性放量攀升形態，將使主力持股成本相對較高，個股隨後的中期上漲空間也更加可觀。

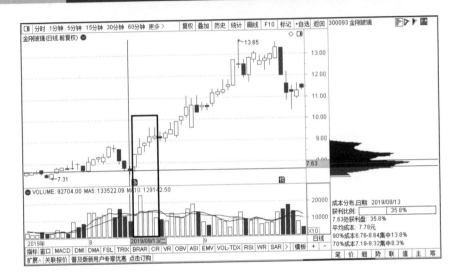

圖7-19　金剛玻璃2019年8月13日的籌碼分布圖

7.3.4 量能忽大忽小形成密集峰，應當逢高賣出

間隔性放量是指量能呈現忽大忽小的變化，量能的縮放過程不具有連續性。這種量能形態與主力大量出貨的行為有關，而且經常出現在階段性高點。

間隔性放量下的橫向震盪走勢，使個股在此位置區形成籌碼密集峰，由於間隔性放量與主力的出貨行為息息相關，因此密集峰隨後跌破的機率更大，應當在此位置區逢高賣出。

圖7-20是乾照光電2019年3月18日的籌碼分布圖。如圖中標注所示，間隔性放量的形態明顯。在實際操作中，若發現這種量能形態，應在個股出現大陽線的次日及時賣出，不應認為個股能突破上漲。

在這個位置區的籌碼密集峰當中，主力是賣方，隨後的破位下跌，將使該籌碼密集峰成為套牢峰。

圖7-20　乾照光電2019年3月18日的籌碼分布圖

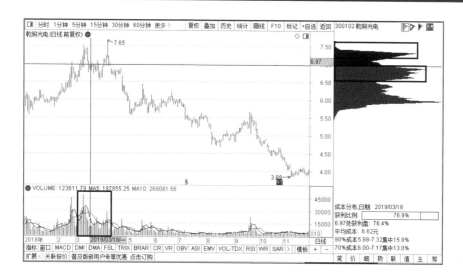

7.3.5 寬體長陽線上穿密集區，顯示主力將隔天出貨

　　寬體長陽線是個股開低走高、收盤價接近全天最高價的盤中寬幅震盪形態，而且開盤時的低點與收盤時的高點至少相差10個百分點。這種形態是由於市場分歧加劇所引發的盤中巨震，經常出現在個股發布消息時。在實際操作中，當它出現在個股上升途中的整理走勢中，會呈現為長陽線上穿籌碼密集區的形態，這通常是主力將在次日出貨的訊號。

　　圖7-21是深物業A於2019年9月4日的籌碼分布圖。個股此前的短線上漲勢頭良好。隨著幾個交易日的橫向震盪，個股形成一個籌碼密集峰，這個震盪走勢看上去更像整理而非築頂。若投資者追漲買進或持股不賣，就短期走勢來看，將虧損慘重。

7.3.6 短線飆升後放量盤整出現單峰，釋放 2 種訊息

　　個股上漲往往不是一波到頂，在上漲過程中，個股會多次出現震盪整理區間。如果個股能在短線上攻之後，出現放量震盪整理走勢，並且股價重心

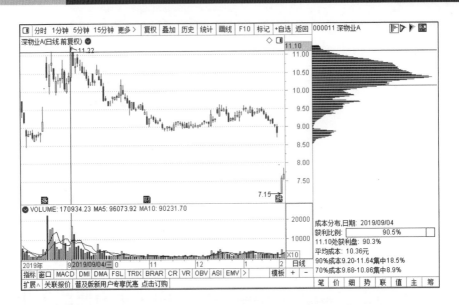

圖7-21 深物業A於2019年9月4日的籌碼分布圖

不下移，籌碼呈現單峰密集形態，其通常蘊含以下兩種市場訊息：

1. 主力之前在股價較高時進貨，因此能力不強。震盪時放量表示籌碼換手速度較快，因此主力的持股成本較高，在主力想獲利離場的情況下，在此震盪整理區出貨顯然不合適。

2. 出現單峰密集形態表示籌碼換手充分，低位區的市場浮額大多已經獲利離場。隨後上漲時，個股面臨的獲利賣壓相對較輕，也就是個股的整理效果較好。

圖7-22是泛海控股2019年12月30日的籌碼分布圖。從圖中可以看到，個股首先出現一波強勁的短線飆升走勢，這是市場資金追捧、主力參與力道較強的重要訊號。

隨後在短線高點，個股沒有因為獲利賣壓而逐步下跌，成交量也在放大，使籌碼呈現單峰密集形態，代表主力仍在加碼，個股處於整理階段，後期仍有上漲空間。在實際操作中，可以逢個股震盪回落低點買股布局。

圖7-22 泛海控股2019年12月30日的籌碼分布圖

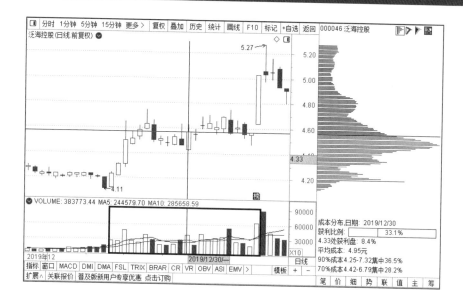

7.4 出現「縮量」，分辨是主力強勢還是市場交易清淡

　　能力較強的投資者不僅善於觀察放量，更懂得研究縮量。縮量可能是主力參與力道較強的訊號，也可能是市場交易清淡的標誌。在實戰中，將股價走勢、縮量、籌碼形態相互結合，可以更全面地分析主力的參與情況，掌握個股走勢。

7.4.1 藉由縮量與低位籌碼慢轉移，把握進場時機

　　有業績支撐的個股通常會吸引較多中長線資金入駐，若這類個股因為大盤的系統性風險而大幅下跌並進入低位區，此時可以關注中長線資金是否已離場。若仍在其中，這類個股在大盤回升時，將有較強的上漲動力。由於中長線資金在低位區也有較強的加碼買進意願，因此個股隨後的走勢將遠強於大盤。

　　判斷中長線資金是否離場的重要依據之一，是籌碼換手的速度。若中長線資金在原本的高位區，或在下跌過程中已大量出貨，由於大量籌碼掌握在散戶手中，因此籌碼向低位區轉移的速度會很快。

　　若個股在低位長期震盪之後，仍有較多的籌碼位於下跌前的高位平台區，大多表示中長線資金仍在其中，此時正是較佳的進場時機。以下結合實例，看看如何藉由縮量與低位籌碼慢轉移，把握中長線進場時機。

　　圖7-23是許繼電氣2019年4月25日的籌碼分布圖。這是個股下跌之前的籌碼分布狀態，大部分籌碼都位於10元上方。隨後受大盤系統性下跌風險的影響，個股跌幅較大，從而進入中長線低位區。值得注意的是，該股是一檔典型績優股，不少機構資金已入駐其中。

圖7-23　　許繼電氣2019年4月25日的籌碼分布圖

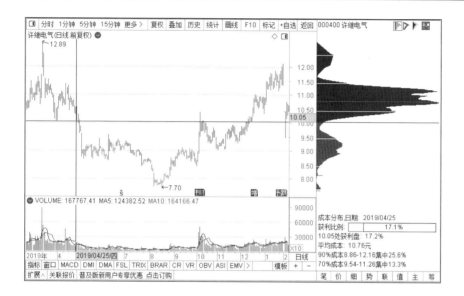

如圖7-24所示，個股從2019年8月開始止跌站穩，隨後則是持續2個多月的震盪整理走勢。至2019年8月22日，雖然低位震盪1個月左右，但籌碼的轉移速度很慢，仍有大約一半的籌碼位於10元上方。從成交量來看，低位區的成交量隨著震盪持續而逐漸縮小，表示大部分籌碼仍掌握在賣出意願不強的中長線投資者手中。

圖7-25是許繼電氣2019年11月11日的籌碼分布圖。個股已在低位區震盪很久，籌碼逐漸向下集中，隨時有可能在中長線資金的推動下步入漲勢。對於中長線投資者來說，此時是很好的進場時機。

這個位置點既有市場做空動能枯竭、低位站穩等技術面訊號配合，也有價值被低估、股價便宜等基本面訊號配合，是一個技術面與基本面訊號共振的買進點。

7.4.2 平量穿越近期套牢峰，表明市場浮額較少

當個股跌破平台區時，產生一波下跌走勢，使得此位置區的籌碼峰變成套牢峰。若個股隨後自低位向上穿越這個套牢峰時，量能沒有明顯變化（即

圖7-24　許繼電氣2019年8月22日的籌碼分布圖

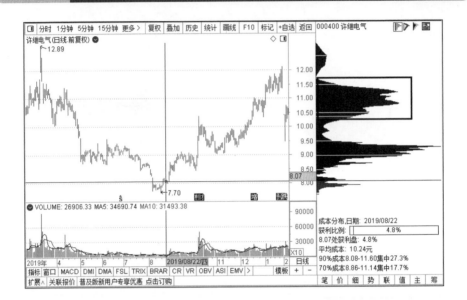

圖7-25　許繼電氣2019年11月11日的籌碼分布圖

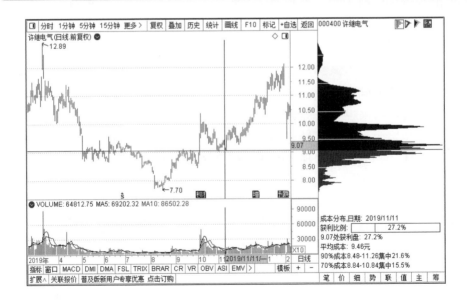

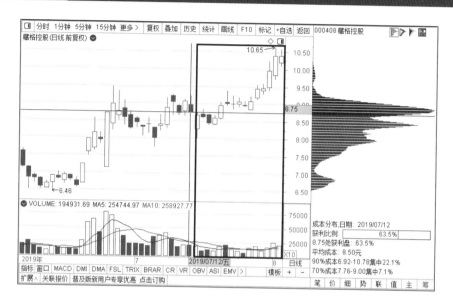

圖7-26　藏格控股2019年7月12日的籌碼分布圖

平量形態），表明市場浮額較少、主力參與能力依舊較強，只要個股中短線漲幅不大，便可以積極進場買股。

圖7-26是藏格控股2019年7月12日的籌碼分布圖。此時個股仍位於平台區，籌碼呈現密集峰形態。隨後股價跌破這個平台區，個股在低位站穩後，向上運行且再度上穿這個套牢峰時，量能並未放大。

面對大量的解套及短線獲利，個股在穿越套牢峰時卻不放量，是主力持股數量多、參與能力強的訊號，也預示個股隨後可以繼續上漲。在實際操作中，此時可以進場買股。

7.4.3 平量穿越長期盤整密集峰，有突破上攻傾向

盤整走勢是一種橫向震盪、趨勢不明朗的形態，可能是原有趨勢運行過程中的中繼整理環節，也可能預示趨勢運行方向轉變。長時間的盤整走勢，會使絕大多數籌碼匯聚於盤整價位區間，此時籌碼呈現單峰密集狀。

這時若個股以連續中小陽線，且不放量的方式向上穿越這個籌碼峰，表示多方力量在經過盤整之後得到加強，個股有突破上攻的傾向。

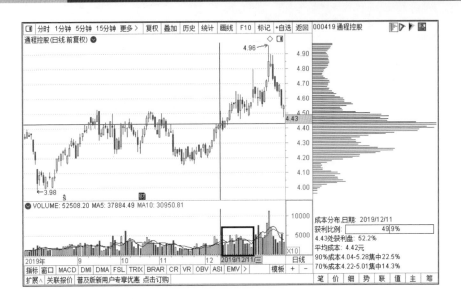

圖7-27　通程式控制股2019年12月11日的籌碼分布圖

如果此時個股的累計漲幅不大（盤整區處於上升中繼位置），或前期累計跌幅較大（盤整區處於中長線的低點位置），那麼個股隨後突破上漲的可能性較大。

圖7-27是通程式控制股2019年12月11日的籌碼分布圖。個股在經過長期橫向震盪後形成密集峰。在橫向震盪的過程中，股價重心既沒有上移也沒有下移，難以預估多空力量對比的情況。但在隨後的上漲中，股價平量上穿密集峰，說明主力的參與能力在橫向震盪後有所加強。實際操作中，投資者可以等個股短線回檔、釋放震盪區獲利賣壓後，再進場買股。

7.4.4 若縮量整理區籌碼匯聚，要整合多種因素做分析

縮量整理走勢是一種常見的整理走勢。從中線角度來看，若個股此時回檔，會呈現典型的縮量整理形態；但從短線角度來看，也可能出現破位下跌走勢，因為如果個股隨後不反彈，便無法構築套牢區。

圖7-28 麗珠集團2019年12月17日的籌碼分布圖

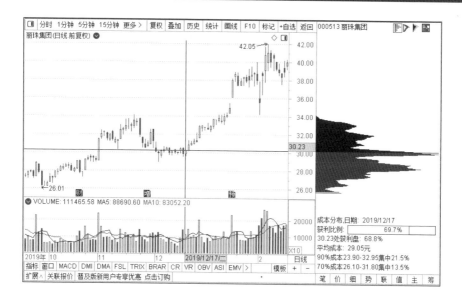

在實際操作中，當個股出現短線破位下跌走勢，並於短線低點站穩時，投資者還必須結合之前的走勢特徵，判斷是否為縮量整理走勢。判斷的重要標準是：**個股此前是否出現上漲走勢，以及量能是否有明顯變化，在走勢上是隨波逐流，還是有自己的節奏**。除了這些盤面資訊之外，還可以結合題材面、股本大小等因素來分析。下面結合實例，看看如何將個股走勢、籌碼分布相互結合，預測個股隨後的運行軌跡。

圖7-28是麗珠集團2019年12月17日的籌碼分布圖。在此日之前，個股隨著股價上漲，量能有縮小的趨勢。這種縮量式上漲難以讓個股站穩於高點，但它的力道較強、持續時間較長，是主力參與其中、個股行情上漲的訊號。隨後，個股出現破位式下跌走勢，並於2019年12月17日前在短期低點站穩，此時是短線進場的好時機。

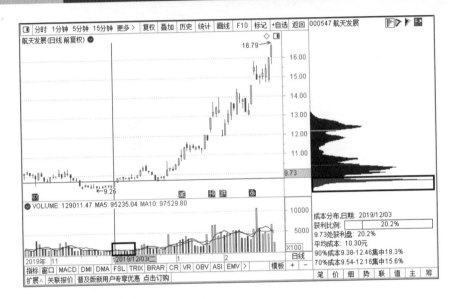

圖7-29　航太發展2019年12月3日的籌碼分布圖

🌱 7.4.5 平量突破低位峰，應當及時緊跟主力布局

個股在低位區的震盪時間較短，且呈現單峰密集形態，隨後個股突破上漲，若突破過程中量能沒有明顯變化（即平量形態），說明主力在低位區進貨較充分，預示個股後期的上漲空間較大。

圖7-29是航太發展2019年12月3日的籌碼分布圖。個股在低位區的震盪時間很短，隨即向上突破，但在突破過程中出現平量形態，表示突破上漲並未引發獲利大量離場，代表主力手中掌握大量籌碼。

由於個股前期累計跌幅較深、短期內上漲幅度較小，因此可以預測，個股一旦步入上升通道，將在主力的積極參與下持續攀升。在實際操作中，應當及時買股布局，來緊跟主力。

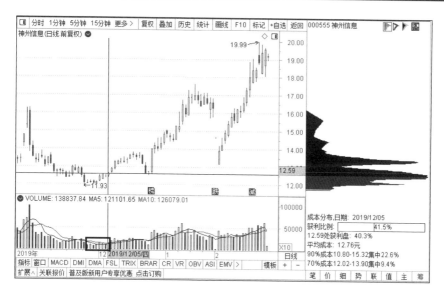

圖7-30　神州信息2019年12月5日的籌碼分布圖

7.4.6 低位峰突破點極度縮量盤整，是中短線進場時機

個股先在低位區形成密集峰，隨後突破密集峰，並在突破位置點開始橫向運行。此時若量能極度萎縮，表示市場賣壓極輕，這是主力手中籌碼多、參與能力強的標誌，**這樣的個股容易成為黑馬股**。在實際操作中，個股在突破位置點縮量整理時，是最好的中短線進場時機。

圖7-30是神州信息2019年12月5日的籌碼分布圖。個股先在低位區橫向震盪，並由此形成籌碼密集峰，隨後在低位區的上沿位置點（即突破位置點）開始橫向運行。值得注意的是，此時的量能極度萎縮，正是主力參與能力強的標誌，也是進場買股的訊號。

7.5 結合「K線」反映的多空交鋒，看透股價漲跌趨勢

　　K線能直觀、清晰地呈現價格運行軌跡，同時也是多空交鋒情況的寫照。不同的K線形態蘊含不同的市場含義，將K線形態與籌碼形態結合，同樣可以作為籌碼形態實戰採用的手段。

　　本節將結合K線形態，看看如何展開籌碼形態實戰。由於K線形態多種多樣，這裡只選取一些典型案例做講解。

🌱 7.5.1 籌碼雙峰二探底，顯示空方力量趨於枯竭

　　籌碼雙峰二探底形態是指個股的籌碼呈現雙峰密集形態，股價位於下峰的中間位置，一波下跌使股價接近下峰的最低點，這個最低點是個股震盪區間的箱底位置。

　　籌碼雙峰二探底形態的低點既是個股的中線低點，也是短線下跌後的低點，這是空方力量趨於枯竭的位置點。只要個股能在這個位置點暫時站穩，且大盤不出現系統性風險，那麼出現一波強勢反彈的機率極大。

　　圖7-31是*ST海馬2019年9月27日的籌碼分布圖。此時個股呈現籌碼雙峰密集形態，隨後出現一波探底走勢，結合之前的探底走勢來看，這是股價二次下探。當股價接近前期最低點時，個股出現持續數日的站穩走勢，這時是中短線進場的最佳時機。

🌱 7.5.2 寬幅震盪走勢且低點籌碼匯聚，有望強力反彈

　　趨勢的運行並不是非上即下，很多時候是處於一個箱型區間內，稱作寬

圖7-31	*ST海馬2019年9月27日的籌碼分布圖

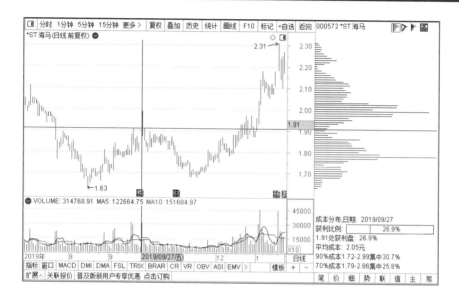

幅震盪走勢。一旦個股形成這樣的運行格局，會引發投資者後續的習慣性操作，即在箱頂附近減碼、拋售，在箱底附近加碼、買進。

　　如果個股沒有強主力入駐或熱門題材作為支撐，而且大盤不出現過高的系統性風險，便很難打破這種寬幅震盪走勢。投資者可以結合這種震盪特性進行買賣操作，如果再結合籌碼形態的變化，能夠更有效地進行低買高賣的操作。

　　在寬幅震盪走勢中，若一波下跌使股價接近箱底，而且個股能夠在隨後數日內站穩，並在此位置點形成籌碼密集峰，表示這個位置點的支撐力道仍然較強，個股有望走出強力反彈的行情，並重回震盪區間，這個位置點也是短線買進點。

　　圖7-32是平潭發展2019年9月30日的籌碼分布圖。當日這個價位是個股好幾次都沒有跌破的中期低點，也是寬幅震盪區間的箱底位置點，此時籌碼還沒有在低點匯聚，無法確定個股是否會再度破位下跌，因此適合等待。

　　經過一段時間的震盪之後，如圖7-33所示，個股此時已形成明顯的籌碼密集峰，相當於一個強力支撐峰。而且個股又處於寬幅震盪區間的箱底位置，所以此時是短線進場時機。

圖7-32 平潭發展2019年9月30日的籌碼分布圖

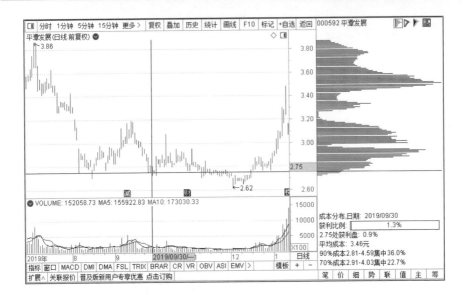

圖7-33 平潭發展2019年11月11日的籌碼分布圖

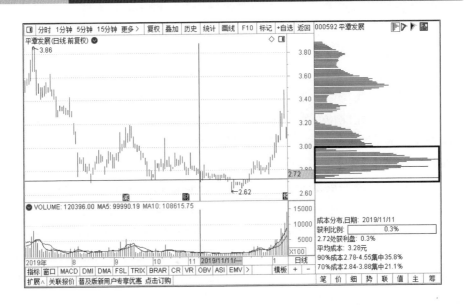

圖7-34	平潭發展2019年12月3日的籌碼分布圖

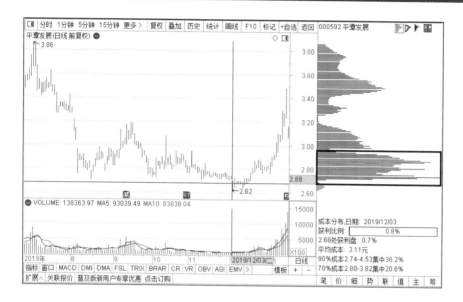

　　圖7-34是平潭發展2019年12月3日的籌碼分布圖。由圖可知，個股再次回到箱底位置點，又在箱底位置點出現籌碼密集峰，這同樣是短線買進訊號。投資者採取箱底進場、箱頂進場的買賣方式，才有機會輕鬆賺取較高的獲利。

7.5.3 新股上市後跳空突破密集區，表明主力買進

　　自新股改革以來，新股上市後總會先出現幾個無量漲停板，隨後才恢復正常交易狀態。進入這個時段後，有些新股會有下跌的傾向，有些新股則繼續上漲，此時的K線與籌碼形態，是投資者預測新股後期走勢的依據。

　　新股開漲停板之後，會因為橫向整理走勢而呈現籌碼單峰密集形態，若隨後能以跳空的方式突破籌碼密集區，通常表示在此橫向整理區間內有主力買進。但由於橫向整理的時間不長，因此主力的能力一般較差，個股很難直接上漲，需要等到獲利賣壓得到一定的釋放之後，在個股回補缺口時，才是最好的中短線買進時機。

圖7-35　科瑞技術2019年8月16日的籌碼分布圖

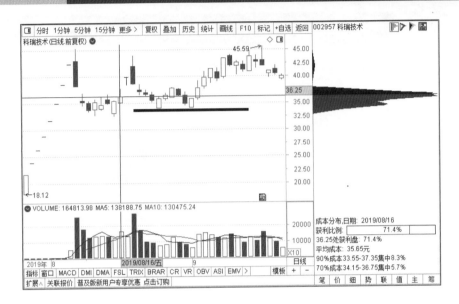

圖7-35是科瑞技術2019年8月16日的籌碼分布圖。此時，個股因為橫向整理走勢而呈現籌碼單峰密集形態。次日個股跳空開高，一舉突破籌碼密集區，意味著有主力參與該股，此時可以酌量買進。隨後，因為受賣盤的影響，個股回測籌碼峰時，才是更穩妥的中短線買進時機。

7.5.4　W底頸線形成密集峰，表示支撐力道強勁

W底是一種經典的反轉形態，但也有一些個股在出現W底形態後沒有真正反轉，僅出現一波反彈行情，隨後再入跌勢。如果個股在W底構築之後，能在頸線附近形成匯聚度很高的籌碼密集峰，表示W底的頸線有極強的支撐力，此時的W底是真正的反轉形態，預示漲勢即將出現。

圖7-36是白雲機場2019年1月21日的籌碼分布圖。該股先在低位區出現W底形態，隨後於頸線附近站穩，此時大部分籌碼都匯聚在頸線附近，並呈現類似於單峰密集的形態。在實際操作中，此時仍可以進場買股，但如果同期大盤走勢較差，要等到個股回檔確認頸線時，再做中短線買進。

圖7-36　白雲機場2019年1月21日的籌碼分布圖

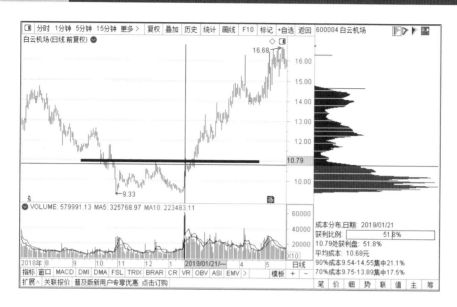

7.5.5 寬幅震盪箱頂有籌碼密集，市場賣壓沉重

在寬幅震盪走勢中，若個股在箱頂位置徘徊不前，且呈現籌碼密集形態，大多預示市場賣壓沉重，個股難以突破上漲，隨後將再度跌回箱型區間內。通常，箱頂位置點的籌碼匯聚度越高，個股隨後的中短線回落速度越快、跌幅越深。在實際操作中遇到這種形態時，應及時賣股以規避風險。

圖7-37是上海電力2019年8月16日的籌碼分布圖。個股走勢呈現寬幅震盪狀，股價靠近箱型頭部。隨後，箱型頭部的籌碼匯聚度越來越高，而且股價開始滯漲。這種形態預示市場賣壓沉重，是賣出訊號。

7.5.6 出現收斂三角形與雙峰密集，要及時離場

出現收斂三角形是空方力量逐步占據主導地位的標誌，也是個股運行方向待定的訊號。若此時籌碼呈現雙峰密集形態，通常預示個股將出現一波回檔走勢，股價有可能跌破收斂三角形區域。圖7-38是山東鋼鐵2019年4月25日的籌碼分布圖。個股因為橫向整理走勢，形成一個收斂三角形，籌碼呈現雙峰密集形態，預示個股將出現破位下跌走勢，要及時賣股離場。

229

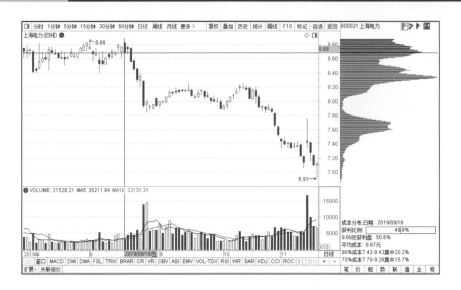

圖7-37　　上海電力2019年8月16日的籌碼分布圖

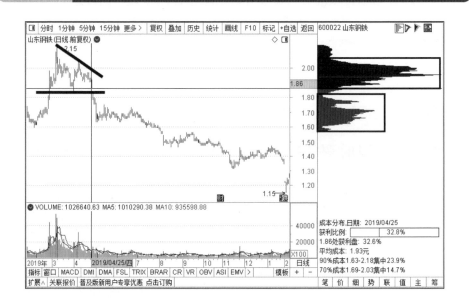

圖7-38　　山東鋼鐵2019年4月25日的籌碼分布圖

第 **8** 章

8 個實戰案例，教你
飆股低買高賣的絕招

8.1

案例1：
拓日新能（電子類股）

🌱 8.1.1 低點買進：盤整區一波放量二波縮量

　　個股股價在上升途中累計漲幅不大，此時容易出現橫向震盪走勢。個股第一次震盪上漲時，成交量溫和放大，隨後回落至盤整區間內；第二次震盪上漲時，成交量相對縮小（相對於第一次震盪上漲來說），此時籌碼呈現單峰密集形態。這種形態大多預示有強力主力參與個股，個股在第二次上漲後站穩時，可以在股價波動時逢低進場。

　　圖8-1是拓日新能2018年11月至2019年2月的走勢圖。個股在橫向震盪過程中，出現一波放量二波縮量的形態，此時個股累計漲幅不大，脫離底部時的一波上漲走勢，種種跡象表明該股有主力入駐。而且在橫向震盪的過程中，主力的能力進一步得到增強，個股後期的上漲空間與潛力很大，投資者可以在第二次縮量上漲後，逢個股盤中波動低點買進。

🌱 8.1.2 高點賣出：趨勢線轉角與籌碼匯聚

　　上升趨勢的運行過程經常是多方力量加速釋放的過程，表現在價格走勢上是起初穩步上漲走勢，隨後加速上漲走勢，接著噴出走勢。因此，單一的上升趨勢線通常難以客觀、全面地反映整個上升趨勢的運行過程，此時應注意上升趨勢線的角度變化，掌握價格的運行規律。

　　對於中長線牛股來說，上升趨勢的運行過程是由緩到急、累計漲幅巨大的過程，若上升趨勢持續時間較長，趨勢線會經過多次轉角。一般來說，上

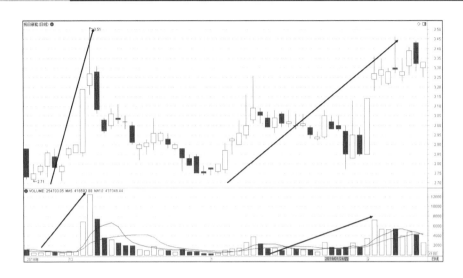

圖8-1　拓日新能2018年11月至2019年2月的走勢圖

升趨勢線經過兩次轉角（即畫出第三根趨勢線時）後，會變得十分陡峭。此時漲速加快，多方力量處於最後釋放階段，但也預示漲勢將見頂，一旦個股連續數日滯漲，應及時賣股離場以規避風險。股價滯漲、主力在頭部出貨的訊號之一，是大量籌碼在此位置區間匯聚，進而形成密集峰。

圖8-2是拓日新能2019年3月19日的籌碼分布圖。如圖中標注所示，在上升趨勢線經過兩次轉角之後，個股累計漲幅巨大，此時滯漲走勢使籌碼呈現高位密集峰形態，超過50%的流通籌碼匯聚於此滯漲區間，正是主力在高位出貨離場、個股難以再度上漲的標誌。投資者此時應跟隨主力的操作及時賣出，以規避風險。

上升趨勢線經過兩次轉角，形成高位籌碼密集峰，是中長線牛市高位見頂的常見形態，一旦出現這種形態最好及時離場。

圖8-3是中原高速2019年4月2日的籌碼分布圖。個股同樣是中長線大牛股，面對這種個股，一旦布局成功，應耐心持有，以賺取較高的獲利。但主力出貨時，應賣出離場。對該股來說，上升趨勢線經過兩次轉角之後，由於出現滯漲走勢，籌碼呈現密集峰形態，此時是中長線賣出離場的時機。

圖8-2　　拓日新能2019年3月19日的籌碼分布圖

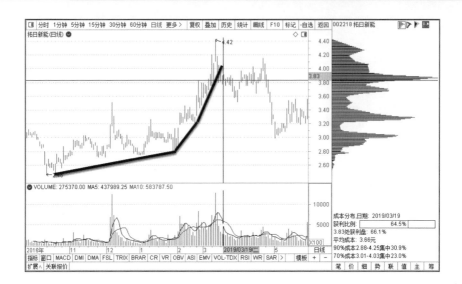

圖8-3　　中原高速2019年4月2日的籌碼分布圖

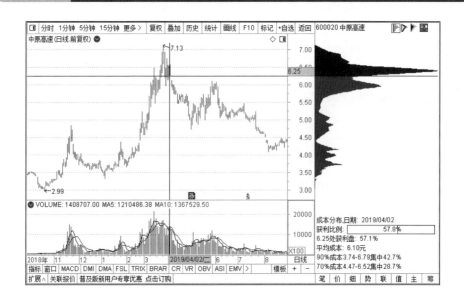

8.2

案例2：
華能水電（電力類股）

🌱 8.2.1 低點買進：突破後平量快速匯聚籌碼

個股以不放量的方式突破低位震盪整理區，這是市場浮額少、主力能力強的訊號。此時小陽線、小陰線交替出現在突破位置點，如果籌碼快速匯聚在此位置點並形成籌碼密集峰，一方面說明個股不會大幅回落，一方面表示主力在此位置點仍在加碼。此時主力進一步得到加強，因此在實際操作中，這個突破位置點是中短線進場點。

圖8-4是華能水電2018年12月26日的籌碼分布圖。個股在突破低位區時，量能沒有明顯放大。隨後在整理過程中，量能也沒有明顯縮小，且籌碼匯聚於此突破位置點，這是主力資金不斷加碼、提升能力的訊號，預示個股有望成為黑馬股。在實際操作中應跟隨主力，買股布局。

🌱 8.2.2 高點賣出：寬體長陽線後的速成密集峰

在個股大漲之後，多空分歧的狀況會因為主力出貨或獲利賣壓過於沉重而加劇。如果個股在某個交易日出現盤中下探、尾盤收高的寬體長陽線，通常預示主力即將出貨。投資者應密切關注籌碼的轉移情況，一旦籌碼開始呈現密集形態，應及時離場，因為這代表主力賣股較多，個股易跌難漲。

圖8-5是華能水電2019年9月9日的籌碼分布圖。在中長線持續上漲後，個股進入高位區，主力獲利豐厚。如圖中標注所示，2019年8月19日，當日盤中振幅比其他交易日來得大，雖然收長陽線，但這根寬體長陽線表示多方

圖8-4　　華能水電2018年12月26日的籌碼分布圖

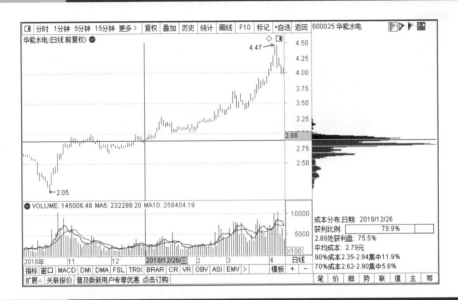

圖8-5　　華能水電2019年9月9日的籌碼分布圖

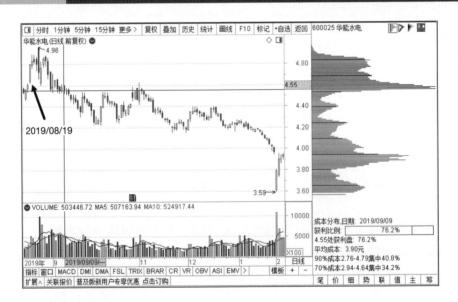

力量大不如前，盤中賣壓沉重，其主因是主力正在出貨。隨後個股橫向震盪，低位區籌碼快速轉移至這個區間並呈現密集形態，這是主力在高位區的典型籌碼分布形態。綜合來看，個股上漲走勢已進入頭部，應順勢離場。

8.3

案例3：
欣龍控股（紡織類股）

8.3.1 低點買進：N 字漲停與籌碼快速轉移

　　N字漲停是較獨特的走勢，即個股以一、兩個漲停板實現上漲，隨後大幅回落，這是第一次N字漲停走勢；個股再度出現一、兩個漲停板以實現上漲，然後又是一波快速回落，這是第二次N字漲停走勢。一般來說，至少要出現兩次N字漲停走勢才具有實戰意義。

　　出現N字漲停走勢時，股價重心會隨著漲停起落而不斷上移，此時需要關注籌碼的轉移方式。若籌碼能隨著N字漲停走勢快速轉移，通常是主力借助漲停、回落所引發的嚴重多空分歧，而積極加碼的訊號，是個股隨後有望脫離N字漲停走勢、向上突破的重要標誌。

　　圖8-6、圖8-7、圖8-8 是欣龍控股的籌碼分布圖。如圖中標注所示，在股價不斷上移的震盪過程中，出現3次N字漲停走勢。雖然每次漲停之後都出現短線大幅調整走勢，但股價重心仍不斷上移，表示買盤占據主導地位。

　　透過圖8-6、圖8-7、圖8-8這3張圖可以看到，每次的N字漲停走勢，都使籌碼快速匯聚並形成密集峰形態，而且前兩次都是單峰密集形態，它蘊含以下兩種市場含義：

　　1. 個股籌碼分散，一旦股價短線波動加劇，會加快籌碼換手頻率。

　　2. 市場平均持股成本隨著股價的震盪上漲不斷上升。

　　主力的持股成本，隨著股價的震盪上漲不斷上升，其能力隨著進貨數量增加而加強，因此可以預測個股隨後有望成為黑馬股，並向上突破N字漲停

圖8-6   欣龍控股2020年1月15日的籌碼分布圖

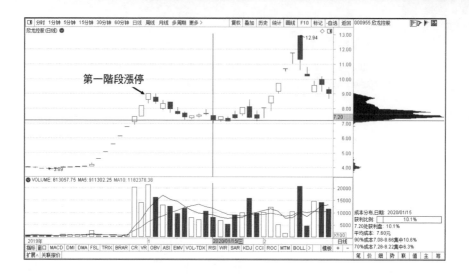

圖8-7   欣龍控股2020年1月23日的籌碼分布圖

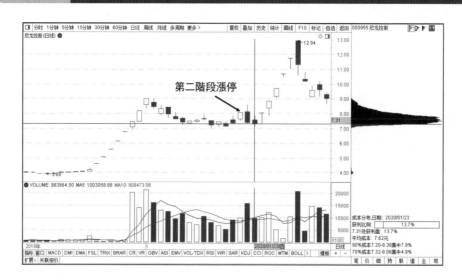

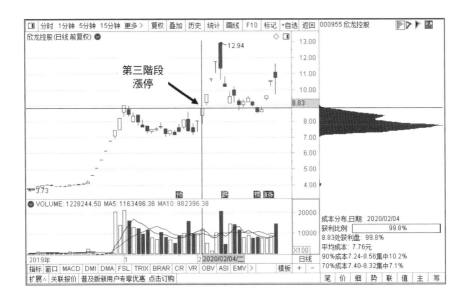

圖8-8　欣龍控股2020年2月4日的籌碼分布圖

走勢格局。在實際操作中，第二個N字漲停回落點和第三個N字漲停回落點，都是理想的中短線買進點。

8.3.2 高點賣出：長陰線下穿籌碼密集峰

個股因為高位區的震盪走勢而形成籌碼密集峰。若出現長陰線下穿籌碼密集峰，說明主力減碼較多，空方占據主導地位，個股步入跌勢的機率較大；若個股之前的累計漲幅較大、短期漲速較快，很可能快速下跌。

圖8-9是欣龍控股2020年2月10日的籌碼分布圖。該股在脫離N字漲停走勢格局後，出現快速上攻走勢，短線漲幅極大；隨後出現持續數日的橫向震盪走勢，雖然個股在這些交易日中都收於陽線，但籌碼開始呈現雙峰密集形態，說明至少一半的籌碼已轉移至這個高位區，此時應警惕主力出貨行為。

2020年2月10日的長陰線下穿籌碼密集區，是一個明確的訊號，表示高位區的籌碼從主力手中向散戶手中轉移，而個股將在短線盤離場、大盤震盪、主力減碼的三重賣壓之下，出現大幅的中短線下跌走勢。

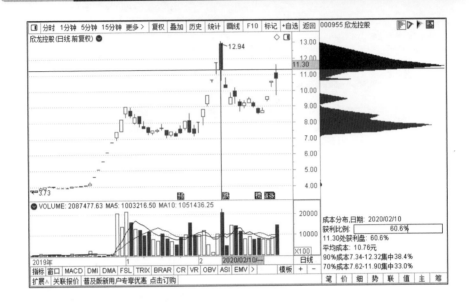

圖8-9 欣龍控股2020年2月10日的籌碼分布圖

8.4 案例4： 東方能源（電力類股）

8.4.1 低點買進：傾斜震盪底部籌碼不消失

　　個股在上升途中累計漲幅不大的位置點開始震盪。此時震盪走勢格局為傾斜向上，即一底高於一底、一頂高於一頂，是多方力量占據優勢的運行格局。雖然個股震盪的時間較長，但底部區的籌碼仍有不少，並沒有完全轉移至這個震盪區。

　　這種形態是主力手中籌碼較多的標誌，由於主力沒有在個股震盪的過程中減碼，而且個股累計漲幅不大，因此個股後期仍有充足的上漲空間。同時，這也是個股有望成為黑馬股的重要訊號之一。

　　圖8-10是東方能源2019年3月7日的籌碼分布圖。在個股震盪上漲時，震盪區間的底部傾斜向上，表示有主力入駐其中。當個股運行至2019年3月7日時，雖然已震盪許久，幅度也不是很小，且股價波動幅度較大，使籌碼換手速度加快。如圖標注，此時仍有不少籌碼留在底部，這從側面反映出主力持股數量多，而且在震盪過程中沒有出貨。

　　對於這類有強主力參與的個股，一旦大盤走勢站穩，極可能再度上漲。投資者要在個股震盪回落時，積極買進布局，並耐心持有，直至出現明確的中長線賣出訊號。

8.4.2 高點賣出：低位強支撐區籌碼消失

　　一些中長線牛股通常會在低位區留有一個強力支撐區，這個區域接近主

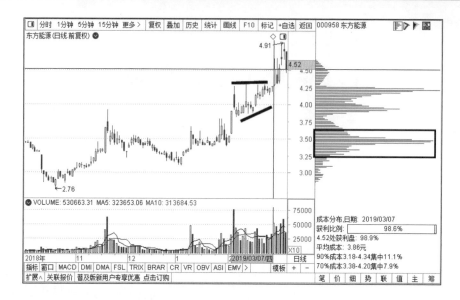

圖8-10 東方能源2019年3月7日的籌碼分布圖

力的持股成本區域，也是對個股上漲形成強力支撐的區域。一旦此區域的籌碼消失，而個股累計漲幅加大，大多意味主力已在高位區進行減碼操作。

圖8-11是東方能源2019年4月17日的籌碼分布圖。從圖中可以看到，低位強力支撐區的籌碼一直較多，而這也是個股持續上漲的動力所在。

但是，當個股運行到2019年4月24日時，如圖8-12所示，籌碼形態已出現較大的變化。這時，高位區震盪加劇，大量籌碼轉移至此區間，形成高位區籌碼密集峰，而強力支撐區的籌碼所剩無幾，表示主力手中的籌碼已大量減少、市場浮額大量增加，正是中長線牛股步入頭部、反轉下跌的訊號。

圖8-11　東方能源2019年4月17日的籌碼分布圖

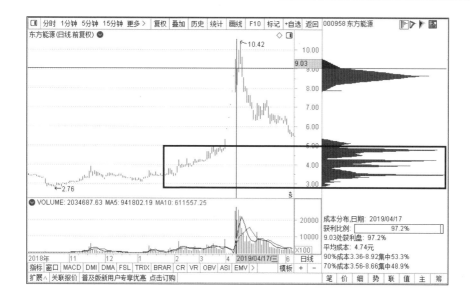

圖8-12　東方能源2019年4月24日的籌碼分布圖

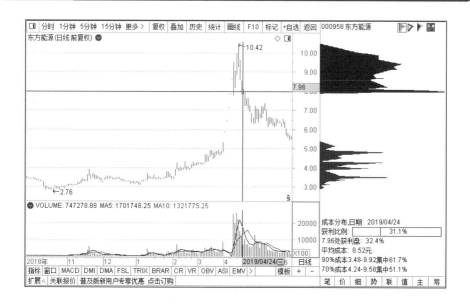

8.5

案例5：
中國中期（交通運輸類股）

🌱 8.5.1 低點買進：漲停突破點震盪緩升籌碼匯聚

個股以漲停板的方式突破底部區，但隨後漲勢減弱，以小陽線、小陰線的方式緩步上移，籌碼也在這個高位區內實現快速換手，形成密集峰。

圖8-13是中國中期2019年2月27日的籌碼分布圖。2019年2月22日，個股以一個漲停板突破低位整理區，此時高科技題材較熱，且該股累計跌幅大，因此從題材面與上漲空間來看，該股具有一定的潛力。

但是，個股低位的成交量低迷，主力難以快速進貨，借助這個漲停板，籌碼換手速度開始加快，主力有快速進貨的條件。此時在漲停板上方形成籌碼密集峰表示主力作為買方、散戶作為賣方，預示個股隨後的上漲潛力較大。在實際操作中，可以在個股震盪時逢低買進。

🌱 8.5.2 高點賣出：新高點長陰線的籌碼密集區

若個股在高點位出現長陰線，使大量籌碼在出現長陰線的當日發生轉移，那麼這根長陰線大多是主力減碼行為的結果，預示個股中短線將見頂，投資者最好賣出離場。

圖8-14是中國中期2019年4月19日的籌碼分布圖，此時仍全盤獲利；圖8-15則是該股2019年4月22日的籌碼分布圖。

對比這兩張圖會發現，僅經過一個交易日，大量籌碼便轉移到這根長陰線所在的位置區，而且此時個股處於中長期高點，短線漲幅又大，因此這根

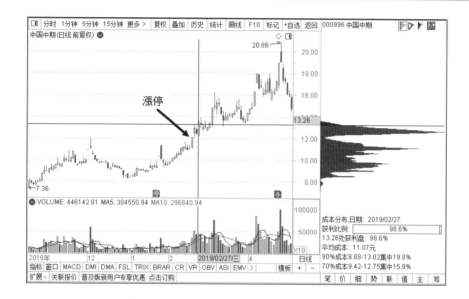

圖8-13　中國中期2019年2月27日的籌碼分布圖

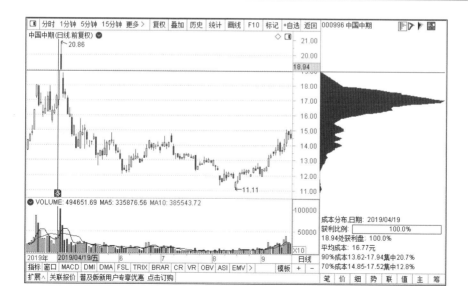

圖8-14　中國中期2019年4月19日的籌碼分布圖

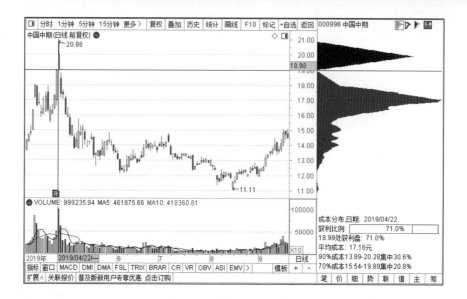

圖8-15 中國中期2019年4月22日的籌碼分布圖

長陰線所在的籌碼密集區，展現主力在減碼的行為。實際操作中應及時賣股離場，以規避風險。

8.6

案例6：
東信和平（電子類股）

8.6.1 低點買進：高密度套牢區的大陽線反穿

在低位區的震盪走勢中，個股形成一個高密度籌碼密集區，隨後個股破位下跌，跌穿震盪區。當股價走勢再度反轉向上時，一根大陽線反穿此高密度籌碼密集區，這是有主力參與該股的訊號。之前出現的破位下跌走勢，大多是因為散戶在大盤震盪之際離場。

主力的買賣方式各式各樣，有些主力喜歡在個股上漲途中加碼，有些主力喜歡在低位區進貨，因此投資者唯有深入理解個股走勢，才能好好做出買賣決策，而不是在起漲點賣出。

圖8-16是東信和平2019年8月9日的籌碼分布圖。此時籌碼因為震盪走勢而形成一個高密度的密集峰，這個密集峰位於震盪區的上沿位置點附近。如圖所示，個股在2019年8月9日之前，出現一波突破上攻走勢，但沒有成功，隨後個股破位下跌。在個股快速下跌的過程中，量能沒有明顯放大，表示主力仍在其中。

隨後，個股止跌上漲。2019年8月27日，一根漲停大陽線快速穿越前期的籌碼密集峰，在大陽線出現之後的幾個交易日內，股價雖有回落，但都沒有脫離漲停大陽線的範圍，說明市場賣壓還在主力承接範圍內，主力的短線拉升意願也較強，是個股隨後將突破上漲的訊號。

在短線操作中可以追漲，但應控制好部位；在中線操作中可以再觀察一段時間，等個股短線回落確認支撐點時，再繼續加碼買進會更穩妥。

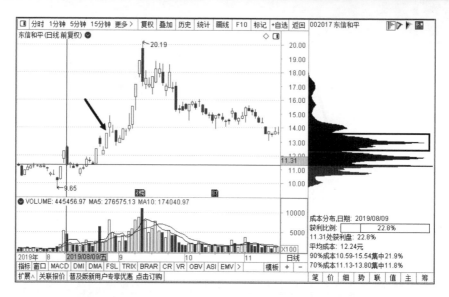

圖8-16　　東信和平2019年8月9日的籌碼分布圖

8.6.2 高點賣出：高位旗形整理籌碼密集區

在走勢圖中，有時會出現類似旗形的整理形態，當它出現在中短線大漲後的高點時，往往是反轉的訊號。當個股出現這種形態，而且這個位置區呈現籌碼密集狀時，預示主力資金離場，持股者應果斷賣出。

圖8-17是東信和平2019年9月20日的籌碼分布圖。如圖所示，個股在脫離低位震盪區之後步入上升通道，累計漲幅巨大。隨後在高位出現震盪滯漲走勢，這個期間的震盪形態呈現旗形，是空方力量開始占據優勢的訊號。

雖然旗形震盪形態的持續時間不長，但在這個高位區已呈現籌碼單峰密集形態，籌碼向高位區轉移的速度極快，這正是主力出貨的顯著訊號，持股者應及時賣股離場。

圖8-17　東信和平2019年9月20日的籌碼分布圖

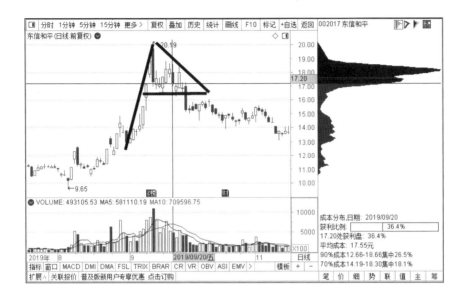

8.7

案例7：
南京港（交通運輸類股）

🌱 8.7.1 低點買進：「妖股」首次破位後買進

妖股是指獨立於股市，且在上漲時連續出現漲停板的個股，它們通常有很好的題材效應，吸引場外資金輪流參與。

當妖股剛啟動時，投資者很難判斷是否應該買進，而當短線漲幅過大，追漲又存在較高的風險時，在妖股充分回檔後，逢低買進是可行的辦法。因為如果妖股第一波上漲幅度較小，主力的獲利出貨空間不充裕，它往往會再度出現上漲走勢，此時是投資者賺取短線獲利的最好時機。

一般來說，如果個股短線漲停板少於3個，不能稱為妖股。圖8-18是南京港2019年3月11日的籌碼分布圖。個股先以3個漲停板上攻，這是顯露妖股特質的標準訊號。如果妖股直線上衝、一波到頂，投資者很難有好的短線買進時機，但也有妖股在第一次上衝後，進入漫長的整理期，該股便屬於這種類型。

如圖中標注所示，連續漲停之後的整理走勢，使籌碼匯聚於這個區間，但仍有大量籌碼位於低位區，表示市場浮額有限，主力控制籌碼力道較強，也預示個股此前的3個漲停板，並非該股可一波到頂的訊號。2019年3月11日之前，股價跌破盤整區、大量籌碼被套、回檔幅度巨大，這時是最佳的買進時機。

換個角度來看，即使我們在此位置點買進，個股也未能如預期一樣開啟二波攻勢，但這個相對低點仍會因為市場的惜售氛圍，而有較強的支撐力，可以說這是預期獲利高、短線風險低的理想買進點。

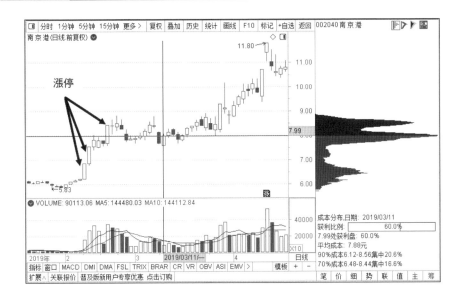

圖8-18　南京港2019年3月11日的籌碼分布圖

🌱 8.7.2 高點賣出：盤中巨震後籌碼快速轉移

　　圖8-19是南京港2019年4月12日的籌碼分布圖。個股在不斷上漲後的高點，於2019年4月10日出現一根當日上漲、盤中巨震的長陽線。在隨後的數個交易日內，個股橫向整理，籌碼快速向這個高點位置區轉移，形成鮮明的籌碼密集峰。

　　這種組合形態與8.2.2節提及的「寬體長陽線後的速成密集峰」形態相似。不同的是，本節的形態出現在妖股二度上漲走勢當中，因為同樣是一波創出新高的走勢，即空方力量顯著增強，主力正加速離場。

　　該股的二度上漲走勢較強勁且累計漲幅巨大，主力獲利豐厚，也有更充足的出貨空間，此時應留意股價走勢的變化。如圖8-20所示，該股於2019年4月10日出現盤中巨震形態，當日振幅接近14%。該股於午盤下跌，午盤後大幅上漲，隨後又大幅下跌，至尾盤時漲停。結合股價位置區間來看，股票在滯漲過程中，可以看到籌碼快速匯聚，這正是主力高位出貨的典型訊號。在實際操作中，個股出現橫向滯漲走勢時，應及時賣股離場。

圖8-19 南京港2019年4月12日的籌碼分布圖

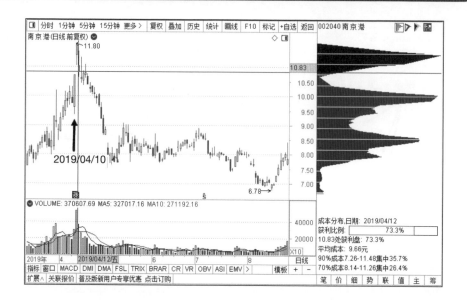

圖8-20 南京港2019年4月10日的分時圖

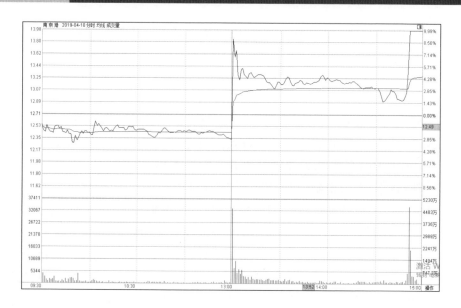

8.8

案例8：
上海機場（交通運輸類股）

🌱 8.8.1 低點買進：盤整區縮量反彈強勢站穩

　　個股的橫向震盪幅度較大，在盤整區內首先是一波下跌，使大多數籌碼處於套牢狀態。隨後出現一波反彈上漲走勢，上漲時量能縮小，在短線上漲後的高點，個股能在短線獲利盤、盤整區解套盤的雙重賣壓下強勢站穩。

　　這種形態表示主力因為個股盤整走勢而能力大增，也表示主力在盤整區積極進貨，否則個股很難以縮量的方式上穿籌碼套牢密集區，也難以在短線上漲後的高點強勢站穩。在實際操作中，這個短線高點是很好的中短線進場點。

　　圖8-21是上海機場2019年5月27日的籌碼分布圖。對於該股的走勢來說，投資者可以將其劃分為3個階段。首先是盤整區的一波下跌走勢，使密集峰處的籌碼都處於套牢狀態。隨後，該股縮量上穿這個籌碼套牢區間，表示市場浮額較少。最後，個股在短線高點強勢站穩，預示多方力量較強。

　　這個案例中，盤整區的籌碼匯聚度較高，因此當個股縮量上穿籌碼套牢區時，表示主力能力較強，投資者要等個股短線回落或橫向站穩時，擇機買進。在實際操作中，這個短線高點是中短線進場點。

🌱 8.8.2 高點賣出：上攻後單日被套峰快速停損

　　個股在持續大漲之後，於2019年7月2日突然出現一根開低走低的大陰線，當日量能明顯放大。如圖8-22所示，當日收於放量陰線之後，部分籌碼

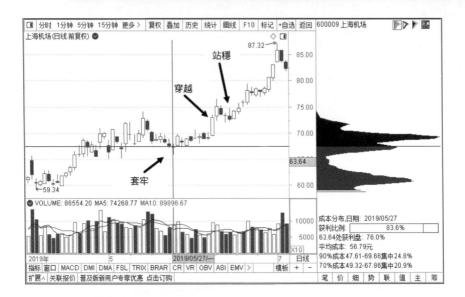

圖8-21　上海機場2019年5月27日的籌碼分布圖

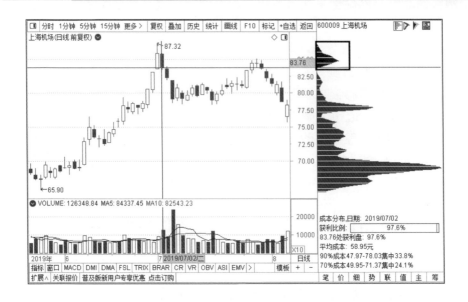

圖8-22　上海機場2019年7月2日的籌碼分布圖

也轉移到此高位區，形成一個鮮明的籌碼短密集峰。

　　隨後股價未見反彈且再度下跌，若個股在高位區出現這種狀況，可能是因為市場追漲熱情大幅降低。而且個股的中短線漲幅巨大，表示多空力量對比格局將開始發生變化。在實際操作中，持股者應賣出離場。

國家圖書館出版品預行編目（CIP）資料

主力 K 線技術分析：200 張圖教你看懂籌碼分布，找到下一個 3 倍飆股／
楊金著. -- 第二版. -- 新北市：大樂文化有限公司，2024.02
256面；17×23公分 . --（Money；69）

ISBN 978-626-7422-08-3（平裝）
1. 股票投資　2. 投資技術　3. 投資分析
563.53　　　　　　　　　　　　　　　　　　　　　113000014

Money 069

主力 K 線技術分析（熱銷再版）

200 張圖教你看懂籌碼分布，找到下一個 3 倍飆股

（原書名：主力 K 線技術分析）

作　　者／楊　金
封面設計／蕭壽佳、蔡育涵
內頁排版／楊思思
責任編輯／張巧臻
主　　編／皮海屏
發行專員／張紜蓁
發行主任／鄭羽希
財務經理／陳碧蘭
發行經理／高世權
總編輯、總經理／蔡連壽
出 版 者／大樂文化有限公司（優渥誌）
　　　　　地址：220 新北市板橋區文化路一段 268 號 18 樓之一
　　　　　電話：（02）2258-3656
　　　　　傳真：（02）2258-3660
　　　　　詢問購書相關資訊請洽：2258-3656
　　　　　郵政劃撥帳號／50211045　戶名／大樂文化有限公司

香港發行／豐達出版發行有限公司
地址：香港柴灣永泰道 70 號柴灣工業城 2 期 1805 室
電話：852-2172 6513 傳真：852-2172 4355

法律顧問／第一國際法律事務所余淑杏律師
印　　刷／韋懋實業有限公司

出版日期／2021 年 09 月 06 日 第一版
　　　　　2024 年 02 月 26 日 第二版
定　　價／330元（缺頁或損毀的書，請寄回更換）
Ｉ Ｓ Ｂ Ｎ　978-626-7422-08-3